平凡社新書
175

使ってトクする英語 損する英語
〈交渉力〉アップのための英会話術

デイヴィッド・セイン
David A. Thayne

長尾和夫
Nagao Kazuo

HEIBONSHA

使ってトクする英語 損する英語●目次

はじめに 11

第1章 断る ……………………………………15

1 英語で営業マンを断るには 16
あいまいな表現や口ごもった言い方はダメ 16
「セールスの断り」に理由はいらない 17
しつこいセールスには断固とした態度の断りが必要 18
電話での勧誘に対処する 20

2 友達の誘いへの断り 22
誤解や不信を招く断り方は禁物 22
断るときは事実だけを伝える 23
どうしても必要なら漠然とした理由を述べる 24
正直に自分の気持ちを伝える 26

3 仕事上の断り——残業や休日出勤を断る 27
ビジネスでは正当な理由を述べて断りを入れる 27
高圧的な上司への断り 28

4 取引先への断り方 29
「断り」に日本的な理不尽な理由を挙げない 29
あえて理由を伏せる上手な断り方 30
理由を挙げられるなら、できるだけ具体的に 31

5 場の雰囲気をやわらげる断りフレーズ 32

第2章 依頼する・指示する・命令する ……………35

1 日本人的な依頼・指示・命令表現の落とし穴 36
部下にものを頼むときにも慎重に 36
日本人に誤解されている依頼表現の落とし穴 37

「命令＋please」には嫌み・皮肉のニュアンスがある　38
皮肉たっぷりな Would you mind...?　38
脅しに聞こえる You'd better...　40
You should...と言うと、相手の怠慢を責めることになる　41
You have to...には強制のニュアンスがある　41

2 ネイティブが使う依頼・命令表現　42
please ではなく Could you...? Would you...?を使う　43
have to ではなく need to を使う　44
you の代わりに we を使ってチームワークを強調する　46
選択肢を与える　47
上司や同僚に頼み事をするとき　48
依頼表現では、相手への思いやりを忘れない　49
お礼の言葉も忘れてはいけない　50

第3章　許可を求める　53

May I...? を使った許可の求め方は子どもっぽい　54
実際にネイティブがよく使う許可表現　55
知らない相手にていねいに許可を求める May I...?　55
オフィスで上司の許可を取る方法　57
いろいろな場面で許可を求める表現　58
ビジネス上の重要な許可を求める　61
意見を引き出しつつ許可を得る　62
第三者の意見を引き合いに出す　64
可能性を提示する　64
強く訴えて自分の主張を通したいとき　65

第4章　疑問を投げかける・反対意見を述べる　67

1 日常会話で疑問を差しはさむ　68
身近な話に疑問をはさむ　68

友人の他愛のない話に疑念をはさむ　69
　　自分の知識に100%の信頼がおけない場合　70
　　第三者の言葉を引用しながら疑問を差しはさむ　71

2　ビジネスで上手に反対意見を述べる　72
　　欧米の会議には「あら探し役」がいる　73
　　黙っていては無能だと思われる　74
　　疑問・反論には、個人攻撃に聞こえる言い回しは使うな　74
　　反対意見を述べるときは具体的に　75
　　反対するときにも敬意をもって　77
　　自分の中の問題点を取りあげながら疑問を投げかける　79
　　反対意見を強く主張する方法　80
　　通常は使うべきでない反論表現　81

第5章　交渉する　…………83

1　交渉の戦略（ストラテジー）　84
　　交渉内容は明確に表現する　84
　　win-winの結果を導く交渉術　85
　　相手への問いかけで提案の魅力を増す　87
　　意見を聞くときにはNo.と返事しにくい表現を　88
　　ネガティブな返答には再考を要求する　89
　　交渉を打ち切る　91

2　その他の交渉のテクニック　92
　　交渉の刻限を切る　93
　　交渉の時間をかせぐ　93
　　議論を保留する　94
　　あくまでも議論を続ける　95

第6章　クレームをつける　…………97
　　クレームは企業にとって価値ある情報　98

効果的なクレームのつけ方　98
クレームは紳士的な態度で切り出す　99
一緒に問題を解決する姿勢をもつ　100
要求はオプション付きで提示する　102
クレームの内容をきちんと伝える　104
解決しない場合は上司と話をつける　105
ラチがあかないときは法的手段を表明する　107
配送に関するクレーム　108
電話でのクレームの注意点　110
海外のレストランでのクレーム　111
相手のサービス姿勢をはっきりさせることが大切　112
助けてくれた人にはきちんとお礼を　115
レストランでの具体的なクレーム表現　116
ホテルでのクレーム　117

第7章　注意する・警告する・叱責する……………119

1　ちょっとした注意、警告表現　120
日常的な注意はさりげなくフレンドリーに　120
簡単な注意や警告によく使われる表現　121

2　部下への上手な注意、警告の仕方　123
ビジネスでも注意喚起表現の基本ルールは同じ　123
注意や警告は感情的に行わない　124
感情的になってしまった場合の待避表現　125
ビジネススキルや性格を取り沙汰しない　126
部下は命令では動かない　127
部下に不満を抱いたら、まずは情報収集を　127
よりはっきりと相手に問題点を伝える方法　128
未来に目を向け問題解決の糸口を探らせる　130
それでも改善が見られない場合の叱責表現　132

第8章 謝罪する ……133

1 ちょっとしたことでの謝罪 134
　日本的な謝罪ではネイティブには伝わらない　134
　ちょっとした謝罪は簡単なひとことで十分　134
　少し相手に迷惑がかかった場合　135
　謝罪を効果的に見せる方法　137
　償いの意思表示も大事　138
　相手に迷惑をかけたら、少々大げさに謝罪する　138

2 ビジネス上の謝罪表現 140
　言い訳せず自らの落ち度を認めることが大切　140
　自分の失敗に気づいたら、自分から打ち明ける　141
　自分に責任がない場合の対処の仕方　142
　ていねいすぎる謝り方は禁物　143
　交通事故など重大な場面での謝罪　145

第9章 悪い知らせを伝える ……147

　まず相手に心の準備をさせる　148
　かえって相手を感情的にするフレーズ　149
　解決策を提案してあげること　150
　再発予防策を伝えてあげることも大事　152
　状況が悪化してしまう前の報告が大切　153
　正直に詳細に報告、連絡する　154
　何でも報告すればいいというわけでもない　155

第10章 慰める ……157

　親しい間柄なら慰めの言葉をかける　158
　話を聞いてあげることで相手を癒す　159
　家族に病人を抱える人へのお見舞い表現　160

訃報を伝える英語表現　161
　相手に心の準備をさせてから訃報を伝える　162
　名前を呼びかけてあげること　165
　悲しみの淵にいる人にかけてあげる言葉　166
　葬式で使う英語表現　167
　バラエティーに富むアメリカの葬儀　168

第11章　関係の解消・別れ　……169

1　人間関係を解消する　170
　親密な人との関係を断つ　170
　関係解消を告げる相手に心の準備をさせる　170
　はっきりと面と向かって別れの意図を伝える　171
　漠然とした表現でなく、明確な言葉で別れを告げる　173
　別れのダメ押しフレーズ　173
　責任は相手にかぶせない　175
　別れ際のひとこと　176

2　職を辞する場合　177
　辞職申し出のタイミング　177
　はっきりと辞職の意図を伝える　178
　辞職の申し出もストレートな表現で　178
　退職をケンカ別れにしないためのフレーズ　180
　辞職を申し出るときは届け書も持参する　182
　借家から引っ越す場合　183
　近所の人への挨拶表現　184

第12章　訪問・電話の接客表現　……187

1　なかなかできない接客表現　188
　訪問客を待たせる　188
　外出先から担当者が戻らないとき　189

接客中に席を外す　190
　　　訪問を切り上げる　192
　　　なかなか訪問を切り上げられないときには？　193

2　**電話でのやりとり**　194
　　電話で相手を待たせる表現　194
　　少し長く待ってもらわなければならないときは　195
　　不在の場合　196

はじめに

 英語でネイティブ・スピーカーと話をするときに、
「あれさえ言わなければ誤解されることはなかったはずなのに……」
 あるいは、
「このひとことさえ言えたら、もっと上手に自分の意見や気持ちが伝わるのに……」
 と思ったことはありませんか？
 本書では前者を「使うと損する英語」（本文では×や△と表記）、後者を「使ってトクする英語」（本文では○や◎で表記）と分類しました。
 実際、通り一遍のことは言えても、自分の思いどおりに英語で会話や交渉ごとを進めていくのは、なかなか難しいものです。
「いえ、それは少し違うと思います」
 といった、ちょっとした反論や、
「その荷物はいついつまでに揃えてもらわなければ困るのだ」
 という、日本語ならさほど難しくはないひとことが英語で上手に言えないばかりに、いつも貧乏くじを引かされてしまっている、といった日本人はとてもたくさんいます。

これは英語に限らず日本語でも共通ですが、相手にとってよいことや利益になることは、基本的に直截に表現すればいいので言いやすいものです。しかし、相手にとってよくないこと、負担になるようなことは、言いにくい。そこで婉曲表現などさまざまな言い方が工夫されるわけで、これが英会話を行う日本人にとってひとつの大きなネックになっているのです。

　本書は、英語で上手に No. を言えなかったり、自分の思いが伝わらなかったり、ついつい失礼な言い方をしてしまったがために、もどかしい思いや苦い経験をした方々に、ぜひとも読んでもらいたい一冊です。
　断りを入れる場合に限らず、英語で自分を主張をするのには最低限のノウハウが必要です。英語で No. を言い、英語で賛意を示し、英語で依頼や交渉をする。このような場合のネイティブ流の流儀やノウハウ、表現などをわかりやすい解説を交えて一冊にまとめたのが本書なのです。
　しかし、実際にはネイティブ・スピーカーといえども、それほど難しい論理や言動ばかりを振り回しているわけではありません。ネイティブだって上手に感情が伝われば、理解を示してくれることもあるのです。
　本書を最後まで読み通せば、ネイティブ流の交渉術やそのポイント、ネイティブの言葉の裏にある感情の流れなど、英語での交渉におけるベーシックな知識、つまり〈交渉英語〉のイロハがみなさんのものになります。

未知なるものへの無知は人間を臆病にします。英語での交渉で臆病風に吹かれたり、損をしたりすることのないよう、ぜひとも本書をご一読ください。要は本書をネイティブとのやりとりのリハーサルだと思っていただければいいのです。

　本書を読み終える頃、みなさんの英語恐怖症がすっかりと消え去り、ネイティブとのやりとりに自信をもって臨んでもらえるようになったとしたら、著者としてこれに勝る喜びはありません。

　最後になりましたが、本書の上梓にあたってご尽力いただいた、平凡社新書編集部の飯野勝己編集長に心より感謝申し上げます。

　　March 1, 2003

　　　　　　　　　　　　　　David A. Thayne
　　　　　　　　　　　　　　ながお かずお

第 **1** 章

断る

> 日本語でも相手に No. と言うのはなかなか難しいものだ。この章では、ネイティブと互角にわたり合いながら、断るべきことをきちんと断るためのノウハウ、相手に悪い印象を与えて損をすることのない、スマートな「トクする」断り方を伝授する。家庭を訪れる訪問販売への断り、友人の誘いへの断り、職場での同僚や上司への断り、ビジネス上の取引先への断りなどを順を追って取りあげていく。

1 英語で営業マンを断るには

あいまいな表現や口ごもった言い方はダメ

「断りを入れる」のは、日本語で行うのでさえ難しいという人も多いだろう。日本ではよく新聞の勧誘員などが家庭を訪問するが、アメリカでは化粧品や掃除機、家の修繕などの営業マンが家庭を訪れることが多い。

家庭を訪問してきた営業マンの話によほどの興味がある場合を除いては、上手に断るしかないのは洋の東西を問わず同じことだ。

このような場面で「否定的な意思表示をする」つまり「断りを入れる」場合に、まず使ってはいけない英語表現がある。その一番バッターが

×Well...（えっと……）

というつなぎ言葉だ。「えっと」「えー」「はあ」といった訳語がよく当てられる英語表現だが、このひとことで返答を切り出してはいけない。日本語でも同じだが、「えー」とか「あー」といった言葉では、口ごもっているような優柔不断な印象を与えてしまう。営業マンにしてみれば、このような口調の人物は、どうすべきか決めかねて迷っているように映る。

もうひと押しすれば、こちらのセールストークにのってくるのではないかという期待を抱かせるのには十分だ。

あいまいな態度は、さらに相手の営業トークを長引かせてしまうもの以外の何ものでもない。

　×I probably better not.（たぶんよしておいたほうがいいと思うの）

といった表現も同様だ。やはり優柔不断で、相手はうまく話しさえすれば丸め込めるはずだと考え、あの手この手でさらなる攻勢をかけてくるだろう。

「セールスの断り」に理由はいらない
　△I don't have enough money this month.（今月はお金がないのよ）
　△I don't need another one.（間に合っています）
　△I don't get paid until the end of the month.（月末まではお給料が入らないから）
　△I have to get my husband's approval.（主人の了承がないとダメなんです）
　△We take the Maiuri newspaper.（毎売新聞を取っているから）

　この五表現のように金銭面やその他の理由を取りあげて、そこに障害があるように訴えるのもあまりいい方法とはいえない。
　相手はどうにかして自分の商品を売り込もうとこちらの隙を狙っているのだから、敏腕なセールスマンであれ

ば、相手が問題としている障害を取り除く方向に話を進展させようとするにちがいないからだ。ここで取りあげたような表現はプロの営業マンには無力であると心得ていたほうがいいだろう。

ではどうすればよいか。しつこい勧誘に対してもっとも効果的な方法は、やはり日本語の場合と同じく、きっぱりと興味がないことを主張することだ。

○I'm sorry, I'm not interested.（すみませんが興味はありません）

日本でもよく使われる直接的な断り表現だが、やはり営業マンなどへの断りとしてはこれがもっとも効果的なフレーズとなる。最初に I'm sorry,... とひとこと挿んでいることでやわらかい響きも備わっている。礼を失することなく、きっぱりと断りを入れる表現としては、このほかに、

○No thank you.（結構です）

がある。この表現も thank you という感謝のフレーズを含んでおり、相手にきちんと礼を尽くしながら断りを入れることができる表現である。

しつこいセールスには断固とした態度の断りが必要

しかし、それでもなんだかんだと食い下がってくるの

がプロの営業マンというものだ。どうしても相手が引き下がろうとしないときのために、次のような断固とした否定表現も覚えておきたい。

○You're wasting your time.（時間のムダですよ）
○For the 100th time, the answer is no.（100回言っても、答えはノーよ！）
○How come you keep bugging me!?（どうしてそんなにしつこいのよ!?）
○I said no.（ダメだと言ってるでしょう）

ふつうなら、ここまでに述べた表現を使えば、お引き取りいただけるとは思う。ただ、それでもまだしつこくあなたの時間を奪おうとする相手には、最後の手段として相手の身に直接問題が発生する可能性のある言葉で相手を追い込むことも必要になる。

○What is your name?　Who is your supervisor?（お名前は何とおっしゃるのですか？　上司はどなたですか？）
○I'm going to talk to my lawyer.（弁護士に相談しますよ）

といった表現がその例だ。

電話での勧誘に対処する

　電話での断りも基本的には玄関先での応対と同じだ。ただし、セールスの電話を受けたときには、さらに注意深く応対するように心がけたほうがいいだろう。

○Give me your number, and if I'm interested I'll call you.（電話番号を教えてください、興味があれば電話しますので）

　この表現を使えば、電話を切りたい意図を相手に伝えるとともに、相手の連絡先を知ることも可能だ。
　悪質な業者なら本当の電話番号も伝えたくはないところだろう。かけ直してみて通じなければ悪徳業者であることは一目瞭然だ。また、相手の告げた番号が正しかった場合には、何らかのトラブルに巻き込まれた際の自衛手段をひとつ手に入れることにもなる。
　また、電話で繰り返し行われるしつこい勧誘には、相手に甘く見られないためにも、断固とした口調で、次のような表現で応対すべきだ。

○I don't want you to call again.（二度と電話しないでください）
○Please don't call me again.（同上）
○Please take my name off your list.（私の名前をおたくのリストから削除してください）
　＊ take...off...＝「～を～から外す」

第1章 断る

　これは日本でも取られる方法かもしれないが、時には方便として嘘をつくことも必要になる。

　○I think you have the wrong number. Good-bye.
　　（間違い電話だと思いますよ。失礼します）

といった電話の切り方も覚えておくとよい。
　時として電話セールスにあまりにも邪険な応対をする人がいるが、これはあまり感心しない。感情的になったとしても、

　×Go to hell.（くたばれ）
　×You bastard.（バカ野郎）
　×Fuck you.（くそったれ）

などといった汚い言葉遣いは決してするべきではない。このような表現で相手に接した場合、その相手に悪意があったとしたら、あなたの電話番号をさらに悪用する可能性もある。勝手にあなたの電話番号を使って何かを購入し送りつけてきたり、あなたの名簿を別の業者に転売してしまう可能性さえあるだろう。
　いかにしつこく、失礼な電話だとはいえ、やはり相手もひとりの感情をもつ人間であることを忘れてはいけない。

2 友達の誘いへの断り

誤解や不信を招く断り方は禁物

次に、友人や知り合いからパーティーなどに誘われた場合の断り方について考えてみよう。まず、

×I don't want to go.（僕は行きたくはないよ）

といった表現ではいけない。そこへ行きたくない何らかの理由が自分の心の中にあることをほのめかすことになり、相手のあらぬ想像をかきたててしまうこともあるからだ。その想像が、相手の感情を害することにつながってしまう可能性もあるだろう。快く思われていないのでは、自分を遠ざけようとしているのでは、と相手に猜疑心を抱かせるのは得策ではない。

本当に親しく気心の知れた間柄ならかまわないかもしれないが、「僕は行きたくない」という言い方は、せっかくの誘いを断るのにふさわしい表現とはやはり言い難いものなのだ。

また、日本人は次のような漠然とした受け応えをすることが多い。日本人同士の間でなら、次のような表現はあてにならないものだと割り切って受け取られるだろうが、こと英語のネイティブ・スピーカー（以下ネイティブと表記）との会話となると、この同じ表現が日本人の側で思っているようには受け取ってもらえないものだ。

どのような返事がどのように受け取られるのかを少し具体的に見てみよう。

　　×I'll go if I can.（できれば行くよ）
　　　➡60％くらいの確率で可能だという意味で伝わる。
　　×I'll think about it.（考えてみます）
　　　➡50％の確率で来てくれると考える。
　　×I don't know.（どうかなあ）
　　　➡40％くらいの確率で来てくれると考え、もう一押しすれば相手はもっと興味を持つだろうと想像する。
　　×Maybe I can't go.（たぶん行けないと思うけど）
　　　➡行きたいけど行けないというニュアンスが伝わる。だが、30％くらいの確率はあると考える。

　いかがだろうか？　日本人同士なら実質上断りとなる表現でも、ネイティブは別の受け取り方をしてしまうことが理解いただけただろうか。このように、日本独特のあいまいな断り方では、ネイティブにはうまく伝わらないことを覚えておこう。

断るときは事実だけを伝える
　では、友人や知人にはいったいどのような断り方をするのがいいのだろうか？　もしかしたらあなたは、心の中ではその相手を嫌いだと思っているかもしれない。し

かし、そのような場合でも、何か別の用事があるとか、家庭の都合で行けないのだといった嘘は極力避けるべきだ。断りを入れるのにもっとも適した表現は、シンプルだが次の二表現だろう。

○I'm sorry, I won't be able to go.（ごめん、私は行けないな）
○I'm afraid I won't be able to go.（残念だけど、行けないよ）

これらの表現で「残念な気持ち」とともに口にされているのは、「行くことができないのだ」という事実だけであることに注意してほしい。
特にその件についての自分の好悪や理由を述べているわけでもない。もちろん誘ってくれた相手についての好悪なども表現しない。たんに「行けない」という事実と、それが残念だという気持ちを並べているだけだ。
これがもっとも相手を傷つけず、自分も損をしない断り方だ。シンプルではあるが、まずはこのような表現で断りを入れるようにするのがいいだろう。

どうしても必要なら漠然とした理由を述べる
ただし、どうしてもと非常に強く誘われた場合、たんに行けないと伝える断り方ではうまくいかない。何かとても重要なパーティーなどに、どうしても出席してほしいとせがまれるような場合だ。そんなときでも、嘘の理

由を相手に告げるのは避けたほうがよい。その代わりに、まずは一般的な理由を述べるようにする。

　　×I can't go because my son is sick.（息子が病気なので行けないの）
　　×I have a PTA meeting tomorrow.（明日はPTAのミーティングがあるから）

と、偽りの理由を挙げるよりは、

　　○I'll be busy tomorrow.（明日は忙しいから）
　　○I already have other plans.（ほかに予定があるんだ）

と、さほど具体的ではない理由を述べて断るようにするのがいい。しかし、相手の意志が強い場合には理由をさらに問いただされることもあるだろう。そのような場合ネイティブの用いる常套手段はほぼ決まっている。
　「理由は説明しないほうがいい」ことをほのめかすか、あるいは「本当に理由が知りたいのか？」を相手に確認するのがネイティブ流の切り返し方だ。

　　○I'd rather not explain.（説明しないほうがいいと思うんだ）

　この表現は、一つ目の「説明しないほうがいいことをほのめかす」パターンだ。さらに相手が説明を求めてく

るときには、

- Do you have to know?(知らなきゃならないの？)
- Why do you need to know?(どうして知る必要があるの？)
- Why are you so interested?(どうしてそれほど興味があるの？)

といった表現が役に立つ。このように相手の興味や関心の出所をたずねることは、相手のせんさく好きや貪欲さを暗に批判する表現となり、しつこく質問を繰り返す相手を牽制することが可能だ。

正直に自分の気持ちを伝える

また、今までに述べたのとは別のアプローチだが、誘われたことが自分の趣味に合わないことであるような場合には、相手に正直にその旨を伝えるのもいい方法だ。

- I'm sorry, but I don't like parties.(悪いけど、パーティーは好きじゃないんです)
- I feel uncomfortable around so many strangers.(知らない人だらけの中に入ると落ち着かないのよ)

ネイティブは、このような友人の正直な気持ちを大事にし、歓迎してくれるはずだ。ネイティブの人たちは誠実さを大切にする風潮があると言い換えてもいいだろう。

3 仕事上の断り——残業や休日出勤を断る

ビジネスでは正当な理由を述べて断りを入れる

　上司への断りとなると、ここまでに述べた「断り」とは少々話が違ってくる。もちろんすでに述べたような、日本式の漠然とした断り方はビジネスでは通用しないし、ビジネスで嘘をつくことはのちのち致命的な結果にもつながりかねない。

　当然のことながら、上司に対して「断り」を入れるときには、誠実かつ具体的に、妥当な理由を述べるべきだ。

　たとえば残業してくれと上司に頼まれた場合なら、次のように具体的な理由を述べるべきだろう。

○I can't. It's my wedding anniversary.（できません。今日は結婚記念日なんです）
○I have to take my son to the doctor's.（息子を医者へ連れて行かねばならないのです）
○I have a dentist's appointment.（歯医者の予約をしているもので）

　このような具体的かつ不可避な用件なら、上司は納得せざるを得なくなる。

　ただし、その場合にも、協力的な姿勢を忘れてはならない。あくまでも、仕事には前向きに協力したいのだが、今は無理であるというスタンスを取ることが大切なのだ。

たとえば、次のような表現をすれば、協力的な姿勢を示すことが可能だ。

○I can come in early tomorrow, but I can't work overtime today.（明日早出することはできますが、今日は残業できないんです）
○We can finish by 6:00 if John helps.（ジョンが協力してくれたら6時には終われますよ）

このように、何らかの解決策や選択肢を、断りの補塡として上司に提案することを心がけたい。

高圧的な上司への断り

しかし、ここまでに述べたようなことを説明しても、まだ上司が納得してくれない場合もある。上司のほうでは、どうしても今日中にある作業を終わらせなければならないと焦っており、とにかく高圧的に出てくるような場合だ。

そのようなとき、やすやすと上司の意見ばかりを受け容れるのは非常に日本的で、ネイティブの目には自分の意志に欠けている人物であるように映る。ネイティブならばこのような場合、たとえ相手が上司であっても、きちんと割り切って断りを入れることが多いが、そのときネイティブは、以下のような表現を用いる。

○I can stay until 7:00 but not any later.（7時までは

残れますけど、それ以降は絶対に無理ですからね)
○I really have to go home at 7:00.（私は本当に7時には帰宅しなければならないんですからね）

　ネイティブの上司とのつき合いの中で、彼らに甘く見られ、見下されないためにも、時に応じてこのような表現を使わねばならないと心の準備をしておくことも大切だ。ネイティブとのビジネスの場では、断固とした態度もとても重要な自己表現のひとつであると心得ておこう。

4 取引先への断り方

「断り」に日本的な理不尽な理由を挙げない

　ビジネスでさらに断り方が難しいのが、取引先への断りだ。まず次の表現を見てほしい。

×The answer is no.（答えはノーです）
×We can't.（できません）
×We don't like your proposal.（ご提案が気に入りません）

　日本でのビジネスでも変わりはないだろうが、このような、あまりに強引な断り方や、たんに気に入らないからといった理由では、相手がネイティブでなくとも納得などしてくれないだろう。
　また、日本では以下のような理不尽な理由を挙げて断

りを入れる場合があるが、これもネイティブにはまったくと言っていいほど理解不能だ。

　×I'm afraid it's company policy.（会社の方針ですので）
　×I'd like to, but it's against company policy.（そうしたいのですが、会社の方針に反するのです）
　×My supervisor says no.（上司がダメだと言うもので）
　×The company president is against it.（社長が反対しているのです）

　会社の方針でそうできないと言われても、いったいどういう方針であるのか、またその方針が商談にどのように影響するのか、ネイティブにはまったくもって納得がいかないのだ。また、いかに上司や社長の意向を口にされたとしても、正当な理由がない限り納得できるものではない。
　このような理不尽な断り方も日本人同士の商談以外では絶対に避けなければならないたぐいのものだ。

あえて理由を伏せる上手な断り方
　しかし、実際には何らかの問題があって断る場合でも、理由は伏せておきたいこともある。もし理由を挙げるとしたら、その理由が礼を失するようなものになる場合、あるいは相手の商品力、競争力のなさに言及しなければならないような場合だ。

そのような場合にはネイティブも、あえて理由を伏せるために以下のような表現を用いることがある。すでに紹介した七つの例と比べるとよくわかるが、以下の三表現は礼を失してもいないし、わけのわからない理不尽な理由を並べ立てているわけでもない。理由には言及していないが、潔く、かつ、礼を失することなくスマートに断りを入れるネイティブ流の表現として覚えておくといいだろう。

○I've thought it over, and I've decided to pass.（十分に検討したのですが、ご遠慮することにいたしました）
○I'm going to have to say no.（ノーとお返事せざるを得ないのです）
○It's just not going to be possible.（どうしても難しいようです）

理由を挙げられるなら、できるだけ具体的に

ただし、通常の取引上の断りでは、やはり極力具体的に理由を挙げることが求められる。具体的な理由を伝えてやることで、先方でも取引条件などを再考することが可能となる。その結果、当方の No. の返事が Yes. に変わることもあるだろう。以下に具体的な理由を含む断りの例を挙げておく。

○If you could lower the price by 30 percent, I would

say yes.（価格を30％下げていただければイエスと言いたいのですが）
- ○The only way it would be possible would be to lower the price by 30 percent.（［取引が］可能となる唯一の方法は価格を30％下げていただくことです）
- ○A 30 percent decrease is what we need.（30％の減額がわれわれの必要としているものです）
- ○Without a 30 percent cut, we won't be able to move ahead.（30％の減額がなければ前へは進めません）

　これらは、断りとその理由と解釈することもできるが、ビジネスをさらに発展させていくための条件の再提示と受け取ることもできるものだ。このような表現であれば、断られる側も十分に納得がいく。

5　場の雰囲気をやわらげる断りフレーズ

　少し話は変わるが、この章の最後に、ユーモアやウィットに富んだ便利な断りフレーズを少し紹介しておきたい。

- ○Thanks, but no thanks.（ありがとう、でもいらないわ＝ご厚意だけいただきます）
- ○I would if I could but I can't.（できればそうしたいんだけど、できないわ）

○I'd rather die.（死んだほうがましですよ）
○Not for a million dollars.（100万ドル積まれても嫌だよ）
○I wouldn't do that for all the rice in China.（中国の米を全部持ってきてもダメだ）

　このようにユーモアやウィットを織り交ぜて断りを入れることで、その場の重苦しい雰囲気を少しなごやかなものに演出することができる。ビジネスにはあまりふさわしくはないが、親しい間柄での断りには役に立つフレーズだ。

第2章

依頼する・指示する・命令する

日本人が英会話でよく使う依頼や指示、命令の表現には多くの誤解や欠陥があり、ネイティブにはなかなかうまく伝わらない。この章では、日本人流の依頼や指示表現のどこがおかしいのか、どうすればネイティブにも十分理解可能で上手な依頼・指示・命令表現ができるのか、さらにはネイティブならどのようなやり方で指示や命令を出すのかについて、くわしく触れていく。

1 日本人的な依頼・指示・命令表現の落とし穴

部下にものを頼むときにも慎重に

　日本では、上司は部下に向かって割合に押しの強い言い方で物事を頼む傾向が強い。一般に、自分よりも立場が下の人間にものを頼むのは容易で、目上の人に何かを依頼するのは難しいという日本的な風潮は、薄まってきてはいるが今でもまだ根強く続いているようだ。

　しかし、英語圏諸国の多くでのものの頼み方は、日本でのそれとは大きく異なることを忘れてはいけない。日本人は傲慢な命令や押しの強い依頼を割合に堪え忍ぼうとするが、英語圏の人間はそんなことはしない。

　何かを無理強いされたり、いかにも不合理な依頼を受けた場合、即刻会社を辞めてしまう可能性さえあるだろう。このようなスタンスのネイティブの部下たちに物事を頼むのはなかなか難しいことであるということは、日本人の読者諸氏にも容易に想像できるだろう。

　日本の場合とは異なり、英語では部下にものを頼むときにも十分考えた言葉遣いで、かつ上手に行わなければならないということだ。

　また、これから述べることになるが、日本人はていねいに言っているつもりでも、実はそうではなく、かえって慇懃無礼になってしまったり、突き放した感じに聞こえたりするような依頼表現や命令表現を多用する傾向にある。英語を使う日本人にとって大きな落とし穴になり

かねないのが、この依頼や指示・命令の表現なのである。

この章は、本書の中でも特に注意して読み進めてもらいたい要注意部分と言ってもいいだろう。

日本人に誤解されている依頼表現の落とし穴

さて、よくオフィスの会話の中で、次のような英語表現を使って、ネイティブの部下に依頼・命令を行っている日本人上司をよく見かける。

×Close the door, please.（ドアを閉めてください〈誤訳！〉）
×Would you mind not using that phone for personal calls?（その電話を私用に使わないでもらえませんか？〈誤訳！〉）
×You'd better clean up your desk.（机をきれいにしたほうがいいですよ〈誤訳！〉）
×You should be more careful.（もう少し注意深くすべきですね〈誤訳！〉）
×You have to copy this report by noon.（あなたはお昼までにこの報告書をコピーしなければなりませんよ〈誤訳！〉）

いかがだろう、これらの表現は、割合にていねいな言い方に聞こえないだろうか？　しかし実際には、上に書いた日本語訳はほとんど全部誤訳なのだ。それぞれの表現を、もう少しくわしく見ていくことにしよう。

「命令＋please」には嫌み・皮肉のニュアンスがある
×Close the door, please.

please がついていることで、「〜してください」というていねいな意味だと思うかもしれないが、そうではない。この please は「そのくらいはやってくださいね」というニュアンスになるのだ。つまりこの言い方は、「ドアくらい閉めてくれよ」という感じに響く。

このようにとても簡単なことを頼むときにわざわざ please をつけてしまうと、ネイティブには「嫌み」や「皮肉」まじりに聞こえてしまうのである。

皮肉たっぷりな Would you mind...?
×Would you mind not using that phone for personal calls?

さて、この文にある Would you mind...? というフレーズも、学校の教科書や参考書ではていねいな依頼表現だと教わったはずだ。この Would you mind...? は

○Would you mind helping me move?（引っ越しを手伝ってもらえませんか？）
○Would you mind lending me your car for a week?（一週間自動車を貸してもらえませんか？）

といった具合に、難しいことや負担の大きいことを相手に依頼するときには、確かにていねいな依頼表現として通用する。

　しかし、そうではなく、だれにでもできるような簡単なこと、あるいはだれでもやって当然の義務であるようなことを相手に頼むようなときには使ってはいけない。そのような場面で使ってしまうと、やはりこの言い方も「皮肉たっぷり」に聞こえてしまうのだ。

　×Would you mind not using that phone for personal calls?

という文は、やって当然のこと、義務と言ってもいいことを頼んでいるため、「その電話を私用に使うのはやめていただけませんかね？」と嫌みと皮肉がたっぷりこもったニュアンスとなる。

　さらに、先の例は「〜してくれないか」と肯定的な依頼だったが、Would you mind not...?（〜しないでくれ）と否定形の依頼する表現を使うと、頼み事の大小を問わず、いかなる場合にも皮肉っぽく聞こえてしまう。

　×Would you mind not talking so loud?（そんなに大声で話さないでくださいませんかね？）
　×Would you mind not being late all the time?（いつも遅れて来るのはやめてもらえないかしら？）
　×Would you mind not wearing jeans?（ジーンズを穿

くのはやめてもらえないかしら？）

　Would you mind (not)...?というフレーズをネイティブへの依頼に用いるときにも、やはり細心の注意が必要なのだ。

脅しに聞こえる You'd better...
　×You'd better clean up your desk.

　この You'd better もほとんどの日本人に誤解されているフレーズだ。これは「〜したほうがいい」という意味ではなく、「〜したほうがいいぞ、さもないと（ひどい目に遭う、遭わせる）」といった脅しのこもったニュアンスになる。
　IやWeを主語にして、I'd better... あるいは We'd better...と言うのはかまわないが、You'd better... と二人称を主語に取る場合には注意が必要なのだ。少し例を挙げておこう。

　×You'd better be on time.（時間どおりに来たほうがいいぞ……さもないと）
　×You'd better copy this report.（この報告書をコピーしたほうがいいぞ……さもないと）
　×You'd better not wear jeans.（ジーンズは穿かないほうがいいぞ……さもないと）

You should... と言うと、相手の怠慢を責めることになる

×You should be more careful.

should は「〜するべきだ」という単純な意味ではない。「するべきだが、そうはしていないな（しないだろう）」という意味だと覚えよう。たとえば、

I should go to the party.

という文は「パーティーには行くべきなんだが（僕はそうはしないだろう）」という意味になり、この人物はパーティーには参加しないつもりだということがわかる。
　同じ考え方で、

×You should be more careful.

という文では、「君はもっと注意すべきだ（でも、しないだろうな）」という意味になる。
　このように should を相手に向かって使った場合には、「あなたは〜するべきだよ」といったアドバイス的なニュアンスではなく、「あなたは〜するべきだ、でもきっとそうはしないだろうね」と、多くの場合皮肉たっぷりの言い回しになってしまうのだ。

You have to... には強制のニュアンスがある

×You have to copy this report by noon.

すでに書いたように、日本人の感覚ではこの文を「あなたはお昼までにこの報告書をコピーしなければなりませんよ」といった穏当な意味合いだと考えてしまいかねない。
　しかし、実際には、You have to...というフレーズは穏当なものなどでは決してなく、強制のニュアンスがこもっているのだと考えたほうがいい。「〜しなさい、さもないと怒りますよ」といった語感のフレーズなのだ。よくネイティブの母親が子どもに向かって、

　You have to clean your room.（お部屋を片付けなさい）

と言うが、このときの感覚を想像すればわかりやすいだろう。相手がやりたくないと思っていることをそれでもやらせようと強制するフレーズ、それが You have to... の基本的なニュアンスなのだ。

2 ネイティブが使う依頼・命令表現

　すでに述べてきた表現は、ほとんどが相手の気分を害したり、相手を怒らせたりするのに十分なものばかりだった。では、実際にはどのような表現をすれば、ネイティブ相手に上手に依頼や指示、命令の意図を伝えられるのだろうか？　そのルールや上手なストラテジーをまと

めていこう。

pleaseではなくCould you...? Would you...?を使う

日本人が多用するpleaseのついた表現は避け、ネイティブがもっとも多く使う代表的な依頼表現であるCould you...?やWould you...?を使うのがもっともよい方法だ。

Would you...?とCould you...?はどちらも「〜してくれませんか？」という意味になるが、この二つには皮肉っぽいニュアンスは一切なく、ごく自然に「〜してくれませんか？」という意味を相手に伝えることが可能だ。

また、Would you mind...?というフレーズは皮肉っぽいということをすでに述べたが、Would you...?とmindをつけずに使う場合はこの限りではない。少しまぎらわしいかもしれないが、併せて覚えてもらいたい。

×Close the door, please.（ドアくらい閉めてよね）
○Could you close the door?（ドアを閉めてくれませんか？）

×Please put away these reports.（報告書くらい片付けてよね）
○Would you put away these reports?（報告書を片付けてもらえませんか？）

×Please water these plants.（花に水をやるくらいはや

ってちょうだいな)
○Could you water these plants?(花に水をやってもらえませんか?)

また、Could you...? Would you...?などの文末に for me というフレーズを加えておけば、「〜していただけますか」という感じの、さらにていねいで好感の持てる言い方になる。これも併せて覚えておこう。

○Would you open the window?(窓を開けてもらえますか?)
○Would you open the window for me?(窓を開けていただけますか?)

have to ではなく need to を使う

have to は I have to...(自分は〜しなきゃならないんだ)と言うときにはかまわない。たとえば、

○I have to leave at 6:00.

ならば、「僕は6時には出発しなきゃならないんだ」となり、問題はない。

しかし、すでに述べたように、相手に対して You have to...の形で使うと強制的に聞こえてしまう可能性が高い。これを避けるためにネイティブがよく口にするのが、You need to...というフレーズだ。

You need to...は「あなたは〜する必要があるような状況だよ」「あなたは〜しなきゃね、〜してね」と相手の状況を示してあげながら、やんわりと物事を依頼することができる便利な表現なのだ。You have to...の代わりに、You need to...というフレーズを覚えるようにするとよい。

×You have to file these reports.（この報告書をファイルしなきゃダメだ）
○You need to file these reports.（君はこの報告書をファイルしなきゃね）

×You have to call Ms. Smith.（スミスさんに電話しなければダメよ）
○You need to call Ms. Smith.（スミスさんに電話しなきゃね）

×You have to turn off the lights when going home.（帰宅するときには灯りを消さなければダメだ）
○You need to turn off the lights when going home.（帰宅するときには、灯りを消してね）

have to...の代わりには need to...が便利だということがおわかりいただけたろうか？　特に本書の読者であるみなさんには、この need to...の上手な使い方を身につけてもらいたい。

you の代わりに we を使ってチームワークを強調する

これは英語的な考え方だが、ネイティブは部下に物事を依頼するとき、実は we（私たちは）という代名詞を多用する。

そうすることで、「君が〜しなければならない」、とごり押しする感じを打ち消し、「われわれは〜しなきゃならないね」というやわらかい雰囲気を醸し出すことができるのだ。

この you ではなく we という主語を用いる方法は、すでに紹介してきた多くの問題を解決するために非常に有用な表現法だ。また、チームワークを強調できることも、we を用いるもうひとつのメリットと言えるだろう。以下に少し例を挙げてみよう。

○We need to close the door when we go home.（[僕らは] 帰宅するときにはドアを閉めなきゃね）
○We have to copy this report by noon.（[僕らは] お昼までにこの報告書をコピーしなきゃね）
○We'd better not use this phone for personal calls.（[僕らは] 電話は私用に使わないようにしなきゃね）
○We should try to keep our desks clean.（[僕らは] 机は片付けなきゃね）
○Let's try to be more careful.（[僕らは] もう少し注意深くしなくちゃね）

いかがだろう、「僕らは、われわれは」というひとことで、強制的な感じや皮肉をすっきりと取り去って、すんなりと相手に受け入れやすい表現になった。このような we を用いた表現に熟達するのも、ネイティブ相手の依頼や命令には必要不可欠なノウハウのひとつなのだ。

選択肢を与える

　依頼表現のもうひとつの有益なストラテジーに触れておこう。それは何かを依頼するときに、相手にオプション（選択肢）を示してやることだ。

　選択肢を示せば、依頼を受けた相手にもいくぶんかの選択権が生じ、自ら進んで物事を行うのだという参加の態度や気持ちを引き出すことができるため、仕事への志気を低下させることもない。

〇You need to work overtime tonight.（今日は残業してもらわなきゃね）
◎You can either work overtime tonight or come in early tomorrow.（今日残業してもいいし、明日早く来てもいいよ）

〇Could you finish this report by noon?（お昼までに報告書を仕上げてもらえないか？）
◎Could you finish this report by noon or at least by 1:00?（お昼か1時までのどちらかに報告書を終わらせてもらえないか？）

○I'd like you to file these reports now.（すぐにこの報告書をファイルしてほしいんだけど）
◎I'd like you to file these reports when you have a minute.（時間があるときに報告書をファイルしてほしいんだけど）

 些細なことだが、上述◎のような選択肢を含む表現は依頼を受ける相手の心に余裕を生んでくれる。そのことが結果的にスムーズに仕事を進めていくのにとても大きな影響を及ぼすのは言うまでもないことだろう。

上司や同僚に頼み事をするとき

 ここまでに述べてきた表現は基本的に上司から部下に向かって使うことを想定していた。しかし、そうでなく、あなたが部下であり、上司に何か頼み事をしなければならない場合、あるいは同僚に何かお願い事をすることもある。
 そのような場面では、ネイティブといえどももう少し遠慮がちな表現形式を取ることも知っておきたい。
 少し例を挙げてみよう。△はそれほどていねいでなく、上司には使うのを控えたほうがいいもの、○はていねいな言い方で、部下や同僚にはもちろん、上司に対して使ってもおかしくないものだ。

△Could you put these reports away?（この報告書を

片付けてくれませんか？）
○Do you think you could put these reports away?
（この報告書を片付けてもらえないでしょうか？）
　➡「～してもらえないでしょうか？」という感じの表現。

△You need to file these reports.（この報告書をファイルしてね）
○Could you help me out by filing these reports?（この報告書のファイルを手伝ってもらえませんか？）
　➡ help me out by... という表現を用いると、たんに Could you file these reports? と言うよりも、もう少し遠慮深い感じになる。

依頼表現では、相手への思いやりを忘れない

　日本語には、「お忙しいでしょうが～」とか「面倒じゃなければ～」といった表現があるが、英語で相手へ何かを依頼するときにも、できるだけ相手への思いやりや相手の状況への理解を示すフレーズを一緒に用いるのがよい。

　ネイティブは以下のようなフレーズをひんぱんに用い、相手のそのときの状況に理解を示しながら依頼や指示を行う。

○I know you're busy, but could you help me clean this office?（お忙しいとは思いますが、オフィスの清

掃を手伝ってもらえませんか?)
- I know you don't have much time, but could you file these reports for me?(時間がないのはわかるんですが、この報告書をファイルしてもらえませんか?)
- When you have a free minute, could you water the plants?(時間があるときでいいから、花に水をやってくれませんか?)
- If it's not too much trouble, could you copy these reports for me?(面倒でなければ、この報告書をコピーしてもらえませんか?)

また、上記に類するものだが、婉曲に「手助けしてもらえたら助かるのだが」という意図を伝えるのも上手な依頼の方法だ。少しだけ紹介しておく。

- If you could help me file these reports, it would be a big help.(このレポートをファイルしてもらえると本当に助かります)
- It would mean a lot to me if you could work overtime tonight.(君に今晩残業してもらえたら、本当に助かるのだが)
    * mean a lot =「多くの意味をもつ」

お礼の言葉も忘れてはいけない

すでに依頼表現についてはさまざまなことをお話ししてきたが、依頼や指示などの場面で忘れてはいけないの

第 2 章　依頼する・指示する・命令する

が、それを受けてくれた相手への感謝の言葉だ。

　相手が快く引き受けてくれたとき、あるいは、その依頼を片付けてくれたときには以下のような表現で、感謝の言葉を述べることを忘れないようにしたい。

○Thanks.（ありがとう）
○Thank you.（ありがとう）
○Thank you ever so much.（本当にありがとう）
○Thanks a million.（本当にありがとう）
　　＊million＝「100万」
○Thanks a lot.（本当にありがとう）
　　＊a lot＝「たくさん、とても」
○Thanks for everything.（いろいろありがとう）
○I really appreciate it.（本当に感謝します）
○You've been a big help.（すごく助かったよ）
○I owe you one.（借りができたね）
○You saved my life.（君のお陰で助かった）
○I don't know what I would have done without you.（君がいなかったらどうしていたかわからないよ）
○You don't know how helpful you've been.（君がどれほど手助けになったか）
○If I can ever do anything for you, please let me know.（僕にできることなら何でも言ってくれ）
○Maybe I can pay you back someday.（いつかお返しするよ）

これらの表現は場面によってさまざまな使われ方をし、ていねいさの具合も多様だが、要は心の問題だ。感謝の言葉がたとえシンプルな Thanks. のひとことであったとしても、心を込めて相手の目を見つめながら言葉を伝えれば、それだけで感謝の気持ちは十二分に伝わることも覚えておきたい。

第 **3** 章

許可を求める

許可を求め、相手から気持ちよく許可を得るための英語表現は、時と場合、相手によって、上手に使い分けることが必要だ。この章では、初対面の人物に許可を求める方法から、休暇の申し出、ビジネス上の重要な許可の求め方までを具体例を挙げながら説明する。また、許可の表現そのものだけではなく、許可表現のストラテジックな切り出し方も取りあげて、説明しよう。

May I...? を使った許可の求め方は子どもっぽい

まずはじめに、日常生活の中で単純な許可を取る表現について考えてみよう。

許可を求めようと思うとき、日本人は May I...? という表現を使いたがる。教科書の中で最初に覚えさせられた許可表現であることが大きく影響しているのだろうが、まずはきちんと May I...? という表現の性格を把握し直しておこう。

もちろん May I...? を許可を取るときに使うことは可能だが、実際には大人同士が気さくに許可を求め合うときにはあまり使われないものだ。

実は May I...? にはあまりにも低姿勢に許可を求める響きがあり、基本的には子どもが大人に対して「〜していい？」と許可を求めるようなニュアンスになるからだ。

△May I open the window?（窓を開けてもいい？）
△May I have a piece of cake?（ケーキ食べていい？）
△May I use the restroom?（おトイレ行ってもいい？）

別の言葉で言い換えると、May I...? は立場の弱い者が有利な立場に立つ者に対して許可を求める表現と言ってもいいだろう。この理由から、相手に No. と拒否される可能性が強い場面でも May I...? というフレーズが使われることがあるのも覚えておきたい。

実際にネイティブがよく使う許可表現

「窓を開けてもいいですか？」のように、相手に簡単な許可を求めるときには、ネイティブはよく以下のような表現を使う。

○Can I open this window?（窓を開けてもいいかな？）
○Do you mind if I open this window?（窓を開けてはいけませんかね？）
○Would it be all right if I opened this window?（窓を開けてもいいですかね？）

Can I...? はちょっとした許可を求める表現で、「〜してもいいかな？」という感じに近い。Can I...? を使っている人物は、当然相手から許可がもらえるものと思っており、あまり No. という返事を予測していないと言い換えてもいいだろう。気軽な許可を求めるときの言い回しが Can I...? なのだ。

これに対して、Do you mind if...?（〜してはいけませんかね？）と Would it be all right...?（〜してもいいですかね？）のほうは、日本語訳からも想像がつくとは思うが、もう少し相手に気を遣いながら許可を求める表現と言える。

知らない相手にていねいに許可を求める May I...?

一般に許可を求める場面では Can I...? や Do you mind if...?、Would it be all right if...? などがよく使われ

ることはすでに述べたが、相手が見知らぬ人物である場合には、それらに加えて May I...? というフレーズが使われることもある。

すでに述べたように、May I...? は立場の弱い者が有利な立場に立つ者に対して許可を求める場合や、相手に No. と拒否される可能性が強い場面で使われるが、このような理由から、見知らぬ人に許可を求める場合には、May I...? を使ってもおかしくない。このとき、許可を申し出る人物は拒否されることも念頭に置いているのだ。

たとえば、映画館などで見知らぬ人の隣に座りたい場合や見知らぬ人にタバコを吸ってもいいかどうかたずねる場合などには、Do you mind if...? や Would it be all right if...? などのややていねいに許可を求める表現に加えて、May I...? という表現も使うことができるのだと覚えておくといいだろう。

○Do you mind if I sit there?（そこに座ってもかまいませんか？）
○If you don't mind, may I sit there?（かまわなければ、そちらに座りたいのですが）
○Would it be all right if I sat there?（そちらに座ってもいいでしょうか？）
○May I sit here?（ここに座ってもいいですか？）
○Excuse me. May I smoke?（すみません、タバコを吸ってもいいでしょうか？）
○Do you mind if I smoke?（タバコを吸ってもかまい

ませんか？）
○Would it be all right if I smoked?（タバコを吸ってもいいでしょうか？）

オフィスで上司の許可を取る方法

ここまではネイティブが使う代表的な許可表現を見てきたが、次にオフィスでの許可について考えていくことにしよう。

ネイティブがオフィスでだれかに許可をもらいたい場合、もちろん、ここまでに述べたような許可表現も用いながらものを言うのだが、許可を得ようとするその用件が今の状況からして必要なことであり、許可を出してもらうのが当然だという響きになるように表現したり、表現を組み合わせたりしようとする。

たとえば、ちょっとオフィスから外出したい場合には、次のような表現が使われることが多い。

○I need to take care of some personal business. Can I have a half hour off?（ちょっと個人的な用件を済ませなければならないので、30分ほど外出してもいいですか？）
○I'm going to step out for a few minutes.（ちょっと外に出てきます）
○I'll be back in just a few minutes.（すぐに戻ってきますから）

最初の表現は、I need to...（～する必要がある）と、当然そうすることが必要であることを伝えながら許可を求めているのがわかる。

　二つ目の I'm going to...（～するつもりだ）は「自分が～するつもりだ」という形を取っているし、最後の I'll be back... などは、外出することをはしょってしまい、戻ってくる時間を述べることで、当然外出できるのだということをほのめかしている。

　ネイティブはこのような表現で、極力許可を求める行為をそう見えないようにカモフラージュし、自分を強く見せながら行動しようとする。実際、上で紹介した二つ目と三つ目の文では許可を求めるフレーズなど一つも入っていないのがわかるだろう。

いろいろな場面で許可を求める表現

　ここから先は、いくつかの場面を例に挙げながら、ネイティブ流の許可の求め方の具体例をもう少し見ていくことにしよう。

　以下の表現には、まったく許可のフレーズが含まれないものや、許可を申し出る前に必然性や許可の妥当性を強く訴える表現が多く見られることに注意してほしい。

〈退席を申し出るとき〉

　○I'm afraid I need to excuse myself.（申し訳ありませんが、失礼します）

　　➡ I need to...（～する必要がある）で必要性を訴

えている。
○I'm sorry, but I really have to leave now.（すみませんが、本当に今行かねばならないもので）
　→ really have to...now という言い方で強い必要を訴えている。
○I hate to eat and run, but I have to catch a plane.（食い逃げするようでいやですが、飛行機に乗らねばならないので）
　→ これも have to...を使った表現。

〈ちょっと早めに昼食に出かけたいとき〉
○Maybe I'll go to lunch early today.（今日は早めに昼食に出かけるかもしれません）
　→ 許可表現は含まれていない。
○I'm going to take an early lunch today, all right?（今日は早めのお昼にしますが、いいですね？）
　→ all right という簡単なひとことで許可を取っている。
○I think I'll go to lunch early, okay?（早めにランチに行こうと思いますが、いいですね？）
　→ これも okay のひとことで許可を取る例。
○Should I go to lunch early so I can be back when he calls?（彼が電話してくるころ戻れるように早めにお昼に出ましょうか？）
　→ 必要性を主張して許可を許可らしく見せない例。

〈休暇、代休などを取りたいとき〉

ネイティブは、休暇をとることは業務に大きな支障をきたさなければなんの問題もないものだという立場で休みの許可を得ようとする。

- ○If it's all right, I'd like to have Monday and Tuesday off.（かまわなければ、月曜と火曜を休みにしたいのですが）
- ○I need to have Monday and Tuesday off. Would that be okay?（月曜と火曜は休まなければなりません。大丈夫ですか？）

〈早めに帰宅したいとき〉

ネイティブは、それがあまりひんぱんでなく正当な理由がありさえすれば、早退するのもそれほど問題のあることとは考えない。

- ○I'm not feeling well. Do you mind if I go home early?（具合が悪いのですが、早退してもかまいませんか？）
  - ➡当然早退できる正当な理由を述べてから、許可を求めている。
- ○I still have jet lag. Would it be all right if I went home now?（まだ時差ぼけなんです。すぐに帰宅してもいいでしょうか？）
  - ➡これも、当然の理由を前もって説明してから許

可を求めている例。次の表現も同じ。
○I need to take care of some family things. Can I go home early today?（片付けなきゃならない家庭の用事があるのです。今日は早めに帰っていいですか？）

ビジネス上の重要な許可を求める

日常のちょっとした場面での許可を求めるときには、Do you mind if...?、Would it be all right if...? などをよく使うことはすでに述べたが、これらの表現は単純な Yes.や No.を求めることができない重要なビジネス上の局面で用いるとおかしな感じがする。

△Do you mind if I break off relations with this customer?（この顧客との関係を断ってもいいですか？）
△Do you mind if I change our accounting methods?（会社の会計システムを変更してもいいですか？）
△Do you mind if I sell this land?（この土地を売却してもいいですか？）

上記の三つの表現は、いずれも単純に Yes.や No.と返答のできるものではない。このようなときに Do you mind...? や Would it be all right...? といった表現は似つかわしくないのである。
このような場合には、自分の要求や意思を直接相手に投げかけ、その上で相手の反応を見たり、意見や返答を

求めたりするのがいいだろう。そうすることで、相談している相手から十分な意見を引き出し、議論の結論として許可を得るというストラテジーを用いるのが理にかなっている。次のようなセンテンスが相手の意見を引き出すときの代表例だ。

○I'd like to break off our relations with this customer. What do you think?（この顧客との関係を断ちたいのですが、どう思いますか？）
○I'd like to change our accounting methods. Do you think that would be a good idea?（会社の会計システムを変えたいのですが、いい考えだと思いますか？）
○I'd like to sell this land. What's your opinion?（この土地を売却したいのですが、あなたのご意見はどうですか？）

意見を引き出しつつ許可を得る

上で取りあげた表現にはすべて、I'd like to...（〜したいのですが）というフレーズが含まれていたが、このほかにも自分の要求や考え、意見を切り出すときに役立つフレーズがいくつかある。以下のような表現を身につけておくとさらに応用が利く。

○I think it might be best to...（〜するのが最良だと思います）

例：I think it might be best to break off relations with this customer.（この顧客との関係を断つのが最良だと思います）

○I'm wondering if...（～はどうかなと思っています）

例：I'm wondering if it might be best to change our accounting methods.（会社の会計システムを変えるのが最良かなと思っています）

○I've been thinking it would help to...（～するのがいいことだと考えています）

例：I've been thinking it would help to sell the land.（この土地を売却するのがいいことだと考えています）

相手の意見を引き出す言い方についても少し見ておこう。

○What do you think about...?（～についてどう思いますか？）

例：What do you think about breaking off relations with this customer?（この顧客との関係を断つことをどう思いますか？）

○Have you ever thought about...?（～について考えてみたことがありますか？）

例：Have you ever thought about changing our accounting methods?（会社の会計システムを変更することを考えてみたことがありますか？）

○Do you think it would be a good idea to...?（〜するのはいい考えだと思いますか？）
　例：Do you think it would be a good idea to sell this land?（この土地を売却するのはいい考えだと思いますか？）

第三者の意見を引き合いに出す

　ネイティブが相手の許可を引き出すときに用いるもうひとつのストラテジーがある。それは、第三者の意見を持ちだしておいて、その上で相手の反応を見るやり方だ。
　いつも第三者の意見ばかりを引き合いに出すのは自分の意見がないような印象を与え感心できないが、許可を求める場合の選択肢として時折用いるのは効果的だ。

○Some people think we should break off relations with this customer.（われわれはこの顧客との関係を断つべきだという考えが一部にあります）
○A lot of people think that we should change our accounting methods.（多くの人が会社の会計システムを変更すべきだと考えています）
○I heard someone suggest that we sell the land.（この土地を売却すべきだという提案を聞きました）

可能性を提示する

　また、相手の反応が否定的である可能性が高いと考えられるときには、不要な摩擦を避けるために以下のよう

な表現で、自分の主張したい解決法を、可能性や選択肢のひとつであるように見せかけて許可を得ようとするのもよい方法だ。

○One possibility is to break off relations with this customer.（ひとつの可能性として、この顧客との関係を断つという方法もあります）
○We could change our accounting methods.（会社の会計システムを変えるという手もありますが）
○One thing we could do is to sell the land.（土地を売るという方法もあります）

強く訴えて自分の主張を通したいとき

ここまでに述べてきた、「相手の意見を引き出しつつ許可を得る」「第三者の意見を引き合いに出す」「可能性・選択肢を述べながら許可を得る」という三つの方法は、いずれも相手との直接的な対決を避けながら許可を引き出そうとする穏当な方法だが、実際にはそうはいかない場面もある。

どうしてもその許可を上司から引き出さなければならない、あるいは許可が会社の発展や良好な運営にとって必要不可欠であると判断できるような場合だ。そのような場合には、上述のようなやや遠回しな言い方ではなく、直接上司に強く必要性を訴える表現を取るべきだろう。

○We need to break off relations with this cus-

tomer. I feel very strongly about it.（われわれはこの顧客との関係を断つ必要があります。私は強くそう考えます）
○We have to change our accounting methods. I see no other option.（会社の会計システムを変更しなければダメです。他に選択肢はありません）
○We'd better sell this land. It's the only thing that makes sense.（この土地を売るべきです。それがただひとつの納得できる方法です）

　賢明な決断は、多くの場合、さまざまな意見のぶつかり合いの中から生まれてくる。このように強く自己主張を行う表現も、重要な許可を引き出すにはとても大切なものであることを忘れてはならない。

第 **4** 章

疑問を投げかける・反対意見を述べる

> たとえばネイティブとの会議では、黙っていては何事も始まらない。それどころか、会議で沈黙しているだけでは、確実に「無能」のレッテルを貼られてしまう。この章では、上手に相手に疑問を差しはさんだり、反対意見を述べるさまざまな方法を、実例を挙げながら紹介していく。敬意をもって行う、具体的に指摘するといった、反論のマナーやノウハウについてもくわしく言及する。

1 日常会話で疑問を差しはさむ

 日常会話の中でも、ビジネスの場面でも、相手の話に誤りがあったり、信憑性に欠けたりすることはひんぱんにある。反対意見を述べるというほどでもないが、相手の言うことにちょっと疑問を差しはさみたくなることはちょくちょくあるだろう。
 そのようなときに英語でどのように表現すればいいのか、日本人にはなかなか難しいところだ。この章ではまず、相手の話に疑問を投げかける表現、訂正する表現を中心に見ていくことにしよう。その後で、ビジネスにおける反論表現に話を移していきたい。

身近な話に疑問をはさむ
 身近な人物の話が信憑性に欠ける場合がある。たとえば、自分の彼女が自分以外のだれかと結婚するといううわさ話を耳にしたとしよう。相手の話を疑わざるを得ないが、たまたま相手が上司であったりして自分の疑念を悟られたくない場合には、直接的な言葉で相手の話を疑うのではなく、次のような質問を相手に投げかけ、より具体的な情報を聞き出すようにするのがいい方法だ。

○Are you sure about that?(確かな話ですか?)
○How do you know?(どうして知っているのですか?)

○Who told you that?／Who did you hear that from?（だれに聞いたんですか？）
○Where did you get that information from?（どこでその情報を仕入れたのですか？）
○What's the source of that?（情報源は何ですか？）
○Did she tell you that herself?（彼女が自分で言ったんですか？）

　主に情報の出所に言及しながら事の真偽を問う表現だが、このような言い方ならば、相手にそうとは悟られずごく自然に話の信憑性を明らかにするのに役に立つ。
　ただし、話をしている相手が同僚や友人であれば、表現はもっとストレートでかまわない。次のようなものだ。

○It sounds like a rumor to me.（僕は噂だと思うよ）
○I wouldn't bet on it.（それはどうかなあ）
○I have my doubts.（疑わしいな）
○I highly doubt that.（とても疑わしいね）

友人の他愛のない話に疑念をはさむ
　さらに、他愛もない話題なら以下のような表現が妥当だろう。たとえばあるロックグループが解散するらしいといった話題を友人としている場合ならば、

○Really?（本当？）
○You're kidding?（からかってるんだろう？）

○You've gotta be joking?（嘘をついてるんだろう）
○I can't believe it.（信じらんないよ）
○That seems impossible.（それはあり得ないよ）

といった表現で十分だ。これらは驚きと同時にいくぶんかの疑念も表現できる便利なフレーズばかりだ。さらに、相手が友人ならば、以下のような表現でもっと強い疑念のフレーズをぶつけてもかまわないだろう。

○I find that hard to believe.（信じ難いなあ）
　➡ That's hard to believe.もほぼ同じ意味。
○I don't want to doubt you, but...（疑いたくはないけど……）
○I'm having a hard time believing that.（ちょっと信じられないよ）
○That doesn't sound right to me for some reason.（そんなはずはないよ）

自分の知識に100％の信頼がおけない場合

相手の言っていることが自分の知識に照らして間違いであると思ったとしても、自分の知識に最終的に確信がもてない場合もある。

たとえば、だれかの結婚予定日が自分の知っている日取りと異なる場合など、相手が自分よりも新しい情報を仕入れているのかもしれない。そのような場合には、

×You're wrong. He's getting married in January.（君は間違っているよ。彼は1月に結婚するんだよ）
×You don't know anything.（君は何も知らないね）
×As a matter of fact, he's getting married in January.（実際には彼は1月に結婚する予定だよ）

と相手を否定して自分の主張を通すような表現は避けるようにする。代わりに、

○I think he might have changed the date.（彼は日取りを変更したのかもしれないな）
○I might be wrong, but I think he's getting married in January.（僕の間違いかもしれないけど、彼は1月に結婚する予定だと思うよ）
○I heard that he was getting married in January.（彼は1月に結婚するって聞いたよ）

といった表現で、自分のほうが間違いであるかもしれないことに言及しながら相手に疑問を投げかけるようにするのがいいだろう。
　このような表現であれば、自分本位な言い方にならず、また相手の言葉に疑いをかけることなく、情報の真偽について触れることが可能だ。

第三者の言葉を引用しながら疑問を差しはさむ
　ほかにも疑問を差しはさむ場合のネイティブ流の上手

な表現方法はいくつかある。ここではもうひとつだけ、第三者からの話を取りあげながら疑問を差しはさむ表現の例をいくつか挙げておく。

- From what I've heard, he's going to start his own company.（私の聞いたところによると、彼は自分で会社を始めるつもりだそうです）
- I thought I heard he's going to start his own company.（彼は自分の会社を始めるのだと聞いたと思ったのですが）
- The rumors say he's going to start his own company.（噂によれば、彼は会社を始めるらしいですよ）

ネイティブはこのように上手に第三者を引き合いに出しながら情報の真偽を確認する場合が多い。日本人が自らこのような英語表現で情報を確かめるのは難しいかもしれないが、話し相手のネイティブがこのような言い方をしたときには、もしかすると事の真偽を疑っているのかもしれないなと考えを巡らすことができるようにはなっておきたいものだ。

2 ビジネスで上手に反対意見を述べる

ここまでは、相手の話す身近な話題にちょっと疑問を投げかける方法を述べた。次にビジネスで相手の話に疑念を差しはさむ場合について見ていこう。ビジネスで相

手の話に疑問を差しはさむことは即ち、少なからず相手への反論を開始することを意味するから、ここまでに述べた以上に相手への心配りやこまかな戦術が要求されることになる。

欧米の会議には「あら探し役」がいる

日本人は、会議の席ではできるだけ反対意見を言わないように努める傾向にある。近頃では少しずつ変わってきてはいるようだが、今でも多くの人が自分からすすんで他人の意見に反論するのを避けたり、異議を差しはさむのを控えようとするのも事実だろう。

一方、欧米のビジネスミーティングでは日本とは正反対で、不賛成をすすんで表現するのをよしとする風潮がある。たとえばアメリカ人が何かの議題について話をするとき、会議の参加メンバーのひとりが、わざわざ、

○Let me play the devil's advocate.（私にあら探しの役をやらせてください）

と切り出すことがある。

会議の席でこう切り出した人は、話し合いの最中、いま話をしている議題にまつわるネガティブな点、問題点などを指摘する役を仰せつかることになる。議題について、あれがおかしい、ここはどういう風に考えればいいのか、そのやり方ではうまくいかないだろう、といったネガティブな意見を始終述べるのが devil's advocate

(悪魔の擁護者＝あら探し役)の役割なのだ。

このような習慣からもわかるように、欧米では、反対意見や異なる意見を避けるのではなく、歓迎する風潮が強い。反対意見、異なる意見がプロジェクトの早い段階で見出せれば、その件に関する将来のリスクが減るのだという考えが、異なる意見を受け容れる態度の根底に流れているのだ。

黙っていては無能だと思われる

このような風潮のある欧米のビジネス社会で、あなたが欧米人と一緒に会議に出席していたとする。そして、ある議事に関して何の意見も言わないままじっと座っていたとしよう。あなたがその場で出てきた意見や結論に対して何の意見も差しはさまなければ、あなたはほかのメンバーの意見や結論に完全に同意したことになってしまう。

そればかりか、意見を言わなかったがために、状況の理解できない愚か者、自分の意見のない無能な人物というレッテルを貼られることになってしまうかもしれない。

反対意見、異なる意見というものは、欧米のビジネス社会では、それほど重要なものと考えられているのだ。

疑問・反論には、個人攻撃に聞こえる言い回しは使うな

しかし、いくら反対意見を重視するのが欧米流だからといっても、相手の意見への疑問や反論を切り出すときのルールはきちんと存在している。何でも言えばいいと

いうものでもないし、どんな言い方でもいいということもない。前節でも述べたことだが、以下のような感情的な言い方で唐突に反論を展開してはいけない。

　×You're wrong.（あなたは間違っている）
　×I disagree with you.（私はあなたに賛成できない）

　このように反論を切り出した場合には、あなたは自動的に周囲に敵を作ってしまうことになるだろう。時にはこのような表現も必要だが、ケンカをしたくないのなら、こんな言い方は避けるべきだ。
　You're wrong.という言い方では、「君は間違っている」と相手を全面否定するような響きがあるし、I disagree with you.といった言い回しでは、相手の考え方などに異議を唱えているというより、名指しした相手そのものに共感できないという感じがしてしまう。
　相手の意見に対して異議を唱えるのが目的なのだから、You're...とか、disagree with youなどの相手その人を名指しした感情的な表現は、ビジネスではもちろん日常の会話の中であっても極力避けるべきものなのだ。

反対意見を述べるときは具体的に
　異なる意見の表明を、個人攻撃と受け取られたくないのなら、より具体的に表現する必要があるだろう。
　アメリカの児童心理学の専門家たちは、子どもを叱るときにも、このようなルールを持ち込むべきだと考えて

いる。たとえば、

　×You never do anything right.（あなた、なんだってちゃんとできたためしがないじゃない）

といった、相手の人間性全体に言及し、個人攻撃するような言い方は避け、

　○You didn't clean your room like I told you to.（言っておいたようにはお部屋の掃除をしなかったようね）

のように、より具体的な物事に焦点を絞った叱り方をすることを、心理学者たちは薦めている。
　この例に照らして考えれば、先ほどよくない例として取りあげた、

　×You're wrong.（あなたは間違っている）
　×I disagree with you.（私はあなたに賛成できない）

の二表現は、次のようにより具体的な表現に置き換えればいいのがわかるだろう。

　○You're wrong about this point.（あなたはこの点で間違っています）
　○I disagree with you about one thing.（一点だけあなたに賛成しかねるところがあります）

このように、反対しているポイント、相違点をより具体的に表現すれば、個人攻撃ではないことをハッキリさせることができ、さらにどの部分に反対なのかも、議論している相手に明確に伝えることが可能だ。具体的になることが不要な摩擦を避け、平和的に意見を闘わすための重要な要素であることがおわかりいただけただろうか。

反対するときにも敬意をもって
　相手を批判するのではなく、相手の意見との食い違いを表明するのが反対意見を述べるときのルールだということはすでに述べたが、実はこれは、「相手への敬意をもって反論を展開する心構え」を持ちさえすれば自然と実現できるものだ。
　会議の席で反論を展開するときには、「相手への敬意を忘れない」こと。これが反論のもうひとつのルールだ。敬意をもって臨めば相手を中傷するような表現はしたくともできないはずだからだ。
　相手への敬意を、心の中に抱いているだけではなく、実際に言葉にして表現するのもいい方法だ。しかし、これがなかなか難しい。
　反論の前置きとして、相手への敬意を表すために次のように言う日本人を多く見かける。

　△With all due respect, I don't understand how this plan is going to work.（誠にごもっともですが、どう

も私にはこのプランでいいのかどうか合点がいかないのです)

　素直に考えると、「誠にごもっともですが」と断りを入れてから自分の意見を切り出すのはおかしくはない。
　確かに昔は、with all due respect (尊敬の念をもってお話ししているのですが) というフレーズを相手への敬意の表現として使うのが一般的だったが、これはすでに現代の英語にはあてはまらない。今では、この表現は「ていねいに敬意を表する」のには使えなくなってしまっているのだ。
　with all due respect は、相手への尊敬の念を表すというよりも、逆にとても嫌みっぽく聞こえる言い回しで、どちらかといえば、日本語の「ひとこと言わせてもらいますけどね……」といった皮肉たっぷりのニュアンスになってしまうのだ。
　あなたが現代人で、かつ、相手にきちんと敬意を表したいのなら、次のような表現を用いるのがよい。

○I'm trying, but I can't understand how this plan is going to work. (考えてみたのですが、どうも私にはこのプランでいいのかどうか合点がいかないのです)
○I wish I could understand how this plan is going to work. (このプランでうまくいくということを納得できればいいのですが)

これらの言い回しなら、
① 自分の努力を訴えることで相手への尊敬の念を示す
② 自分の理解不足を訴えることで、相手をおろそかにしない
というスタンスが強調され、相手を批判したり皮肉ったりせずにやんわりと反論を開始することが可能だ。

自分の中の問題点を取りあげながら疑問を投げかける

このほかの上手な反論の方法としては、自分自身の問題点を取りあげて、相手にその問題の解決を手伝ってもらう形式を取ることも考えられる。たとえば、

○May I misunderstand something, but I can't see how this plan will work.（もしかしたら私は何か勘違いしているのかもしれませんが、なぜこのプランがうまくいくのかが合点がいかないのです）
○As I see it now, I can't agree. Am I missing something?（今私の見るところでは、私は賛成できません。何か見逃しているのでしょうか？）
○If my understanding is correct, I'll have to disagree.（私の理解が正しければ、反対せざるを得ないのですが）
○Unless I've misunderstood something, I don't see why this is a good plan.（私が何かを誤解していないのであれば、私にはどうしてこの計画がうまくいくのかがわかりません）

といった具合に、自分が何かを誤解したり、見逃したりしている可能性を表明しながら異議を唱えるのは、相手の反発をかわすのにとても効果的なやり方と言えるだろう。これらの表現は日本語の謙遜表現に近いものだと言ってもいい。

反対意見を強く主張する方法

ここまでは、上手な反論の切り出し方について述べてきたが、今度は、もう少し踏み込んで、強く反対意見を主張する方法についてお話ししてみよう。

議論がヒートアップしてきても、やはり自分の意見を変えたくない、主張をあきらめたくはないという場合がある。そのような場合には、ネイティブは以下のような言い回しを使って、さらなる自己主張の努力を行うのがつねである。押しの強い表現ばかりだが、このような言い方も知っておくことで、真剣勝負の交渉でも、きちんとした意見を相手に伝えることができるのだ。

○I don't want to argue with you, but I still don't agree.（あなたとは言い争いたくはないけれど、やはりまだ賛成できかねます）
○I know I sound stubborn, but I can't agree.（頑固に聞こえるかもしれないけれども、賛成できないのです）
○I have to express my disagreement.（やはり不賛成

を表明するしかありません)

　最初からこれらの表現を使うことはないにしても、このような言い回しまでできるようになれば、ビジネスでも恐いものなしのレベルの英語力を備えているのだと言っても過言ではない。

通常は使うべきでない反論表現
　さて、この章の締めくくりとして、もう少し激しい反論の表現を紹介しておこう。以下に紹介する表現は通常使うべきでないものだ。

　×What could you be thinking?（いったいお前は何を考えてるんだ！）
　×Are you out of your mind?（気でも違ったのか？）
　×You don't know what you're talking about.（自分が何を話してるのかわからないのか？）

　非常に強い感情的な言い方ばかりだが、これらの言い回しを使うときは、相手とケンカをする覚悟を決めておかねばならない。必ずや相手も同じように感情的な言い回しで応じてくるにちがいないからだ。たとえそれが部下であっても、ネイティブ同士の議論では、相手も感情的に反論してくるはずだ。その結果部下は会社を辞職してしまうかもしれない。
　そのくらい激しい言い回しだから、それなりの状況で

使うのにはいいが、通常使ってはいけないものだと考えておいたほうがいいだろう。

第 **5** 章

交渉する

日本流の交渉とネイティブの交渉の間には、とても大きな隔たりがある。日本式にあいまいなものの言い方でネイティブと交渉しても、まったくの無駄骨なのだ。この章では、日本式の交渉術がネイティブにはどのように受け取られるのかという点から始め、交渉のさまざまな技法、交渉の進め方、時間の稼ぎ方、スマートな打ち切り方まで、英語での交渉会話術を多面的に検証していく。

1 交渉の戦略(ストラテジー)

交渉内容は明確に表現する

　ビジネス上の交渉事では、どのような条件ならば抱えている問題や懸案などが解消するのかを先方へ伝え、自分たちの希望や目標を達成するのが目的となる。

　日本ではあまり直接的、あるいは積極的に自分の要求を表現するのをよしとしない風潮があるが、欧米企業との交渉ではそうも言っていられない。あいまいな表現では、ネイティブは真剣な交渉だとは考えてくれないから、当然その返答も好ましいものにはならないからだ。

　△Do you think a 10% discount would be possible?
　　（10％の値引きは可能だと思いますか？）

　Do you think...would be possible?という表現では、可能性をたずねているだけなので、相手はひとこと No. という返事をする可能性が高い。このようにあいまいなたずね方ではなく、直接自分の望む要求をはっきりと相手に提案するのがよい。

　○We'd like to ask for a 10% discount.（10％の値引きをお願いしたいのです）

　このような表現ならば、ネイティブの相手にも交渉さ

れているのだという実感が湧く。以下に少し悪い例とよい例とを併記しておくので、それぞれを比較してみてもらいたい。

△Would it be possible to include shipment charges in this price?（この価格に送料を含めてもらうことは可能ですか？）
　➡可能性だけをたずねているように聞こえる。
○You can include shipment charges in this price, can't you?（この価格に送料を含めていただけますよね）
　➡当然送料を含んでもらえるのだというニュアンスを出すのに付加疑問文が役立っている。

△I know it's difficult, but it would be nice if you could deliver this on Monday.（難しいとは思いますが、月曜に届けていただければありがたいのですが）
　➡話し手は相手にとって難しい要求であると考えているのだと受け取られてしまい、交渉には不利な表現。
○We'd like this delivered on Monday.（月曜日には届けてもらいたいのです）
　➡希望をストレートに伝える交渉向きの表現。

win-winの結果を導く交渉術
交渉では、要求のポイントをはっきりと主張するのが

よいということはすでに述べた。しかし、相手もそれほどすんなりとはこちらの主張を飲んではくれないものだ。

No, I don't think it's possible.（いえ、それは不可能だと思います）
That wouldn't work out.（それはうまくいかないでしょう）
That's just not possible.（それはやはり無理です）

といった返事で、要求に対してNo.の返事をすることは十分に予測可能だ。このような場合には、交渉を落としかけた側は譲歩案を出すことになるだろう。

譲歩案を出すときの基本は、双方にメリットがある提案を行うことを心がけることだ。

ビジネスの交渉事には、以下の四つの結果があるとされる。

① I win and you lose.（私が勝って、あなたが負ける）
② You win and I lose.（あなたが勝って、私が負ける）
③ I lose and you lose.（あなたと私の双方が損をする）
④ I win and you win.（あなたと私の双方が勝利する）

そして交渉のプロは、この中で四番目のwin-win result（ウィン-ウィンの結果）が導き出せるように交渉を進めようとする。

たとえば10％の値引きを先方に要求するのなら、自分の側ではいくぶん注文の数量を増やすといったお互いにメリットのある代案を用意して再度交渉を行うのが

win-win resultへのアプローチだ。代案を用意したら、次のような表現でその内容を切り出すのがいいだろう。

○I think I know how we can solve both our problems.（両者の問題を解決できる方法があると確信しています）
○I'd like to make a suggestion that I think you'll like.（あなたもお気に入りになる提案があります）
○Here's an idea that I think will work out well for both of us.（われわれ両者にとってもっとよい結果をもたらす提案があるのです）

相手への問いかけで提案の魅力を増す

最初の提案であっても、再提案であっても、重要なことは、その提案がいかに魅力的なものなのかを相手に強調して見せることだ。提案を魅力的に見せることができるか否かは、その表現の仕方に大きく左右される。

ネイティブは提案を魅力的に見せるために、これから相手に伝えようとする内容を、疑問文に仕立てて相手に投げかけることがある。

○Will you be interested if I can show you how to save $5,000 a year?（もし私が年間5,000ドル節約できる方法をお見せできるとしたら、興味をお持ちになるでしょうか？）
○Could you commit to supporting my plan if I

could prove that it would improve sales?（もし売上げを向上させることを証明できたら、私のプランをサポートしていただけますか？）
○I can show you how to solve this problem successfully. If I do, will you be willing to make a small investment of $900?（私はいかにしたらこの問題を解決できるのかをお教えできます。もしそれができたら、900ドルというわずかな投資をしていただけますか？）

このような魅力的な問いかけの文句を用意しておくことも、提案における重要なストラテジーのひとつとして覚えておきたい。

上のような表現に興味を抱いた相手は、Yes.という返事をせざるを得なくなる。そのYes.を引き出してしまったらしめたものだ。そこから有利に具体的に自分の提案の説明を開始することができるだろう。

意見を聞くときにはNo.と返事しにくい表現を

提案を相手にぶつけた後には、相手の意見を聞くことになるだろう。その場合、相手が容易にNo.という返事を導き出してしまうようなシンプルな表現はしないように心がけたい。

△Do you like my plan?（私のプランは気に入りましたか？）
△What do you think of my plan?（私のプランはどう

思いますか？）
△Do you think this plan would work?（このプランでうまくいくと思いますか？）

このような表現では、簡単に相手にNo.と言うチャンスを与えてしまうことになる。相手の意見を求めるときには、次のようにできるだけポジティブな返答へと交渉相手を導いていく表現を用いるのがよい。

○You can see the advantages of this plan, can't you?（このプランのメリットがおわかりになられるでしょう）
○As you can see, this plan has a big advantage over other plans, right?（おわかりのとおり、他のプランに比べると大きなメリットがありますね）
○Now can you see the advantages of this plan?（さあ、このプランのメリットがおわかりいただけますか？）

ネガティブな返答には再考を要求する

代案を提示しても納得せず、ポジティブに検討しようとしない手強い交渉相手もいるだろう。そのような場合には、さらに詳細な情報を相手に提供することが必要になる。
　そのためにまず有益なのは、相手がどうして返答を渋っているのかを具体的に確かめることだ。

○I'm interested in knowing why you're hesitating.（どうして躊躇されているのかお教えください）
○I'd like to know the reason for the hesitation?（ご躊躇の理由を教えてもらえませんか？）
○What is making you hesitate?（何があなたを躊躇させているのでしょうか？）

このような表現を用いれば相手の真意に近づくことが可能だ。ただし、このとき、

×Why did you say no?（なぜダメなんですか？）
×Why aren't you interested?（どうして興味がないのですか？）

といったネガティブな表現を使ってはいけない。○印のようなポジティブな表現を心がけることで、相手を交渉のテーブルから降ろさない工夫を心がけたい。

自分が行った提案の中で、相手に納得できないことや相手が理解できないことがあるとわかったなら、その点を再度説明し直す。

また、なぜ自分の提案が両者にメリットを生ずるのかを、できるだけ具体的かつ正確に相手に伝えるよう努力する。そのうえで、次のような表現を用いて、再度検討してもらうことを申し出るようにするのがいいだろう。

○I'd like to ask you to think about this again.（もう一度考え直していただきたいのです）
○The terms have changed, so could you rethink your position?（条件が変わりましたので、状況を再確認してみてもらえますか？）
○Maybe this is a good time to take some time off to do some thinking.（この辺で少し検討する時間を置いてみませんか）
○I hope you'll reconsider your decision.（決定をご再考いただければと思います）
○Please take all the time you need to think about this carefully.（検討に必要な時間をたっぷりと取ってください）

交渉を打ち切る

　最終的にすべての交渉がうまくいくわけではない。時には、それ以上の交渉が時間の無駄であり、進展も期待できないような局面にも立ち至るはずだ。
　そのようなときには、お互いの感情をあまりにも害することのないうちに、交渉の打ち切りを相手に伝える必要がある。
　以下に挙げるような上手な表現で交渉を打ち切ることで、先方との将来のビジネスの可能性を開いておくことも可能になる。また、交渉の決裂を先方に投げかけることで、先方の大きな譲歩を引き出せる可能性もある。

○I think it's time we give up trying to reach an agreement.（合意に達するのは、あきらめる頃合いだと思います）
○It doesn't seem that an agreement is going to be possible.（合意は不可能であるように思います）
○All our efforts are not paying off. Maybe it's time we part as friends.（すべての努力は報われないようです。今が友人として別れる頃合いでしょう）
○I don't think we can work on this project together.（このプロジェクトではご一緒に仕事をするのは無理なようですね）
○It seems that the wise thing to do is to part as friends.（最良の方法は友人同士としてお別れすることでしょう）
○It doesn't look like an agreement is possible. I'm sure there'll be other opportunities for us to work together in the future.（合意は不可能に思えます。将来ご一緒にお仕事できる機会は必ずあると確信しています）

2 その他の交渉のテクニック

前節では交渉の流れに沿ってさまざまな交渉のポイントを取りあげてきたが、流れの中で説明できなかった交渉のポイントと英語表現を以下に補足しておく。

交渉の刻限を切る

交渉の場面では、刻限を切って相手に返答を要求するのもひとつの手段となる。刻限を切ればそれが相手のプレッシャーとなり、結論を早めることも可能となる。

○I don't want to rush you, but I really need an answer by the end of the day.（慌てさせたくはないのですが、今日中のご回答が本当に必要なのです）
○Unless I hear from you by the end of the day, we'll have to talk to other potential buyers.（今日中にお返事いただけなければ、弊社としては別の買い手に話をもっていくことになります）
○I'd like to wait, but there's a lot of pressure on me to find a buyer.（お待ちしたいのですが、買い手を見つけろというプレッシャーが強いのです）
○By what time will you be able to give me an answer?（いつまでにお返事いただけますでしょうか？）

交渉の時間をかせぐ

交渉の刻限を切るのが重要だという話をしたが、逆に交渉においては時間をかせぐことが重要な場面もある。結論を出す準備が整っていないときに無理に結論を下すよりも、さらに時間が必要であることをきちんと相手に伝えるべきだ。次のような表現が役に立つだろう。

○Let's think about this some more. (もう少し検討しましょう)

○I don't think we want to rush each other. (お互いに慌てたくはないでしょう)

○Let's take some more time to think this over. (じっくり考えるのにもう少し時間をとりましょう)

○This is an important decision, so let's not rush. (これは重要な決定です。慌てないようにしましょう)

○I know you're in a hurry, but I need more time to think this over. (お急ぎなのはわかるのですが、もう少しじっくり考える時間が必要なのです)

○I can't give you a promise about when I can respond. (いつお返事できるかについてはお約束できません)

○If you need an answer now, then I'm afraid I'll have to say no. (今返事が必要だというのなら、残念ながらノーと言わざるを得ません)

議論を保留する

交渉の流れの中で、部分的に合意が得られないことはあるだろう。そのような場合には、あきらめるのではなく、その部分の議論を保留し、別の案件に話を進めるのがいいだろう。

保留した件は後から再検討すれば、別の見方ができる可能性もあるし、大方の合意が得られた後ならば、問題点についての交渉が楽になる可能性は高い。

○Let's come back to this problem again at the end of our discussions.（この問題については議論の最後に取りあげることにしましょう）
○I think it might be wise to talk about this last of all.（この件は最後に話し合うのが賢明だと考えます）
○We don't seem to be making any progress now. How about putting this problem on hold for now? （今は進展しそうもありません。とりあえずこの問題は保留しておいてはどうでしょう？）
○Why don't we talk about some other issues first? We can come back to this problem later.（まず別件を話し合ってはどうでしょう？ この問題には後で戻ってきましょう）

あくまでも議論を続ける

ひとつ前の項目では、議論を保留する表現を紹介したが、逆にあなたがどうしても議論を続行したい立場にいる場合もあるだろう。その場合には、議論の継続を促す以下のような表現が役に立つ。

○Let's keep trying until we succeed.（うまくいくまで話し合いましょう）
○I think we've made a lot of progress. Let's not give up now.（かなりの進展があったと思います。今あきらめるのはよしましょう）

○I don't think it's unusual for discussions to go this long. (議論がこのように長引くのはよくあることだと思います)

第 **6** 章

クレームをつける

旅行やビジネスではクレームをつけたい事態によく遭遇するが、日本人にとっては非常に言い出しにくいもの。この章ではどのようにすれば上手にクレームをつけることができるのかを中心に、クレーム時の姿勢、技法、ステップなどを場面別に検討していく。配送に関するクレーム、電話でのクレーム、レストランやホテルでのクレームなど、個々の場面でのクレームについてもこまかく紹介する。

まず「クレーム」というのは和製英語であることを確認しておきたい。英語では「苦情」のことは claim とは言わず complaint と表現する。便宜上、この章の記述には日本語の「クレームをつける」という言い方が登場するが、和製英語であるということを承知の上で読み進めてもらいたい。

クレームは企業にとって価値ある情報

　だれしもクレームをつけることで悪者になりたくはないし、口うるさい人物だというレッテルを貼られたくもない。もちろんクレーム、つまり文句ばかり言うことはあまり歓迎されるべきことではないが、必要な場面では当然文句をつけなければならないこともあるだろう。

　また、消費者のクレームからなんらかの改善が導き出されることもあり得るという観点から、欧米の企業では顧客のクレームを悪いものと考えるのではなく、価値ある情報とみなし歓迎する風潮もある。

効果的なクレームのつけ方

　だまされた、あるいは粗悪品を売りつけられた、ひどい扱いを受けた、サービスを断られた。クレームにはさまざまな理由がある。

　しかし、クレームはその訴え方いかんで、相手を説得できることもあるし、できないこともあるということを覚えておきたい。

クレームは、その結果なんらかの成果を上げることが目的なのだから、相手を十分に説得できる論法をきちんと身につけておきたいものだ。
　成果のあがるクレームのつけ方として、まずは以下の要点を押さえておきたい。

クレームは紳士的な態度で切り出す
　まずは、相手に自分が快く思っていない事柄について伝えるべきだが、ここでは、商品購入時のクレームを例に挙げて考えてみたい。
　あなたがデパートなどでMDプレーヤーを買ったとしよう。大事な会議を録音したが、うまく録れていなかったとき、あなたは購入した会社にクレームをつけることになる。その場合、店員を目の前に声を荒げて、

　×I'm really mad.（本当に怒ってるんだからな！）
　×I'm going to sue you.（訴えてやる）
　×Your products are junk!（お宅の製品はゴミ同然だ）

などと感情的になってはいけない。まずは気持ちを落ち着かせておいてから、

　○I have a problem and I need your help.（問題があるので、相談したいのですが）
　○There's a problem that I need your help with.（相談したい問題があります）

○Could you help me with something?（ちょっと相談があるのですが）

といった穏やかな言い方で、相手に手助けや相談を持ちかけるような態度で話を切り出すべきだ。

こうすることで、先方の協力的な姿勢をまず確保することはクレームにおいて非常に重要な戦略といえる。

このような上手な切り出し方を耳にした企業側の担当者は、

How can I help you?（どうしました？）
What can I do for you?（何でしょう？）
What's the matter?（どうしました？）
Please explain the problem.（問題点を教えてください）

と、快くていねいな受け応えをしてくれることだろう。感情的になってその後ネガティブな扱いを受けるより、このような冷静な話し方で相手の誠意ある対応を導き出すようにしたいものだ。

一緒に問題を解決する姿勢をもつ

MDプレーヤーが作動しない。録音がうまくいかない。プレーヤーの開閉に問題があるなど、具体的な問題点をきちんと説明した後には、店員に対して、彼らが問題解決の責任の一端をになっていることを納得させておくこ

とも大切だ。次の例を見てほしい。

　×I don't know what I'm going to do.（私はどうしたらいいのかわからないのです）
　×This is a big problem for me.（私にとっては重要な問題です）
　×How am I going to solve this problem?（どうやったら私はこの問題を解決できますか？）

　このような I や me あるいは my などの一人称表現では、問題やその解決の責任が相手にあることがまったく伝わらない。
　「自分がどうすべきなのかをたずねる」のではなく、いかに相手の協力を引き出すかを念頭に置いた表現を口にするようにしたい。そのためには、上述のように I や me などを含むセンテンスを用いるのではなく、次の例のように、文の主体を you あるいは we とするのが有効な方法だ。

　○How can you help me?（あなたはどのように協力してくれますか？）
　　➡主語を you（あなた）としている。
　○What are the options you can offer me?（どのような選択肢を申し出てもらえますか？）
　　➡you can offer me（あなたが私に提供できる）とし、サービスの主客を明確にしている。

○What are our options?（われわれには、どんな選択肢があるのでしょう？）
　　↪ our options（われわれの選択）という表現を使って、問題解決には両サイドの協力が必要であることを暗示している。
○How can we solve this problem?（われわれは、どうやったら問題を解決できるでしょう？）
　　↪ 主語を we（われわれ）と表現している。次の表現も同じ。
○How can we deal with this?（われわれは、この問題にどのように対処できますか？）

　これらの表現を用いれば、相手（企業）側に責任があることをきちんと認識させることができ、相手のアクションを引き出しやすくなる。

要求はオプション付きで提示する

　クレームで次に必要なことは、このクレームで何を望むのかを明確にすることだ。この段階でも紳士的な態度を保ちながら、冷静に要求を伝えるようにしたい。

　具体的にどうしてほしいのかという要求を提示するときには、ひとつの解決策を述べるよりも、いくつかの解決策をオプションとして並べて述べるようにするのがいいだろう。そうすることで、相手も譲歩しやすくなるし、こちら側の柔軟な姿勢も同時に示すことになる。

第6章　クレームをつける

　△I'd like a refund.（払い戻しをお願いします）
　△Would it be possible to repair it today?（今日中に修理してもらえますか？）
　△I need a new recorder.（新しい録音機がほしいのです）

と、一方的にこうしろという要求を、なんの選択肢もなしに相手にぶつけるのではなく、

　○I'd like to get a refund or have it repaired today.（払い戻していただくか、今日中に修理してもらいたいのですが）
　　＊refund＝「払い戻し、返金」
　○I need either a new recorder or a full refund.（新しい録音機をもらうか、全額払い戻していただきたいのですが）
　○If you can't give me a refund, then I want a new recorder.（もし払い戻してもらえないのなら、新しい録音機がほしいのですが）

と複数の選択肢を示し、相手に選択の余地を与えるのが上手なクレームのつけ方であることを覚えておこう。選択肢を提示しない場合には簡単に拒否の態度を示してしまう相手でも、選択肢を突きつけられた相手は、そのオプションのうち、自分たちに都合のいい選択肢を選ぼうとするはずだ。選択肢を示すことは人間の心理をうまく

つく、上手なクレームの戦法といえるだろう。

クレームの内容をきちんと伝える

　商品に問題があった場合には、スタッフにその理由をたずねられるはずだ。そのときに何をどのように説明するのかも、クレーム解決の重要なポイントのひとつだ。クレームをつけている側にも落ち度があるのだと誤解を与えるようなあやふやな表現は避けるようにしなければならない。たとえば次のようなものだ。

　　×I broke it.（壊しちゃったんです）
　　　➡自分が壊したことになる。
　　×I got it dirty.（汚してしまったのです）
　　　➡自分が汚したことになる。
　　×I scratched it when I was taking it out of the box.
　　　（箱から取り出すときに傷つけたのです）
　　　➡自分が傷をつけたことになる。

　このような表現では、こちらに非があることになってしまう。もともと壊れていた、もともとシミがあったなど、相手に納得のいく内容を、正確な表現で伝えるように心がけるべきだ。少し具体的な表現を紹介しておくので参考にしてもらいたい。

　　○It has a stain on it.（シミがありました）
　　○It was dirty when I bought it.（買ったときには汚れ

ていたんです）
○It was scratched when I took it out of the box.（箱から取り出したときには傷ついてました）
○It was broken when it came out of the box.（箱から出したときには壊れてました）
○It doesn't start.（動作しないのです）
○I can't get it to operate.（起動しないのです）
○It doesn't work properly.（きちんと作動しません）
○It didn't work from when I plugged it in.（電源を入れても動きませんでした）

解決しない場合は上司と話をつける

　この段階でクレームが片づけば幸いだが、うまくいかない場合も多いだろう。相手がこちらの提示した条件に納得しないことも、また、完全にクレームを否定されることもあるだろう。

　このような場合、次に取るべき方法は担当者の上司や責任者と話をすることだ。

○I'd like to talk to your supervisor.（あなたの上司とお話ししたいのですが）
○I know you've done everything you can to help me, so now let me talk to your supervisor.（あなたにできることは全部していただいたと思いますので、今度は上司の方とお話しさせてください）
○This isn't acceptable. I need to talk to your

supervisor.（納得できませんので、上司の方と話をさせてください）
○I see that you can't help me, so I need to talk to someone who can.（あなたでは無理のようなので、助けになる方と話がしたいのですが）

　上司と話をする場合には、店員と話したことと同じような内容を繰り返すことになるだろうが、その場合にも、断固として自分の主張を譲らない態度を堅持する必要がある。つい弱腰になって、

　×I'll think about it.（考え直してみます）
　×Oh, well.（まあ、仕方ありませんね）
　×I'll come back later.（また後で来ます）

といったフレーズで引き下がってしまわないようにし、

　○I'm not going to back down.（譲歩はできませんよ）
　○This is not (at all) acceptable.（納得できません）
　○I will not be intimidated.（怖じ気づいたりはしませんよ）

といったフレーズを使って、断固とした態度で解決を要求する腹づもりであることを表明するのがよい。

ラチがあかないときは法的手段を表明する

　上司や管理責任者と話をしてもラチがあかない場合には、最終的には法的手段に訴えることを表明し、相手にプレッシャーをかけることになる。

　日本でも最近導入された制度だが、アメリカでも各州に small-claims court（少額［訴訟］裁判所）があり、2,000ドル程度までの少額の訴訟は、安価かつ簡単に法的解決を図るシステムがある。

　法廷に出頭する面倒を考えれば、相手企業がその場での解決を考える可能性も高いだろう。法的手段に訴えることを表明する表現としては以下のようなものが代表的だ。

○I will take you to court if I need to.（もし必要なら、裁判所に来てもらいます）
○If you can't help me, then maybe a judge can.（そちらに助けていただけないなら、裁判官がやってくれるでしょう）
○I'm going to talk to my lawyer.（弁護士に相談します）
○I have no problems with taking you to court.（あなたを法廷に呼び出してもかまわないのですよ）

　このような表現で冷静に法的手段に訴えることを切り出すのがよい。また、上の表現で「訴えるぞ」と明言する前に、以下のように疑問文を使って、もう一度相手に

再考させるのも効果的だ。

○Do I need to take legal action?（法的手段に訴えましょうか？）
○Do you think a judge can solve this?（裁判官がこの件を解決してくれると思いますか？）
○Why don't we get our lawyers involved?（弁護士に仲介してもらいましょうか？）
○Would you like me to take you to court?（法廷に連れ出してほしいのですか？）

配送に関するクレーム

昨今では、電話やファックス、あるいはインターネットなどを通してショッピングする機会も飛躍的に増えてきた。

このような各種通信販売でもっともよく発生するクレームは、すでに述べた商品の欠陥や汚れなど以外では、誤配や遅配など配送に関するクレームだろう。

多くの欧米の大企業は consumer affairs department あるいは customer relations department と呼ばれる顧客サービス窓口を用意している。アメリカなら、インターネットで直接確認するかフリーダイアル (toll-free number) の 1-800-555-1212 に電話することで調べがつく。まず、相手の連絡先を確認したら、以下のような表現を使って配送に関するクレームを伝えるのがいいだろう。

第6章　クレームをつける

○I'm expecting a delivery at 3:00, but it hasn't come yet.（3時に配送されるはずなのに、まだ到着していません）
○Do you know when I can expect to receive my delivery?（私の受け取り希望時間がわかってますか？）
○How much longer do I need to wait for my delivery?（どれだけ配送を待てばいいんですか？）

上記のような単純な表現に加えて、以下のような言い方をすれば、さらに相手にプレッシャーをかけることができる。

○I have to have it by 4:00. Is there anyway you can hurry?（4時までには必要なんです。急ぐ方法はないのですか？）
○I was promised it would be delivered by 3:00.（3時には届けてもらえると約束していたのです）
○This is very inconvenient for me. Can you hurry, please?（非常に迷惑しています。急いでもらえますか？）

さらに、別の用件や都合でそれ以上の遅配は容認できないときもある。その場合、次のような言い方も役に立つだろう。

○I can't wait that long. I'll need to reschedule the delivery. (もう待てません。配送のスケジュールを立て直してください)
○I've already waited for three hours. I'd like you to deliver it tomorrow at 3:00. (もう3時間待ってるんです。明日の3時に配送してください)

これらの表現は、基本的には日本語でも同じだと思うが、英語でもきちんと要求を伝えられるようにしておきたいものだ。

電話でのクレームの注意点

ここで、電話でクレームを伝える場合に気をつけておくべき点を少しお話ししておこう。

まず、電話ではだれと話をしたのか、相手が何を言ったのか、いつ話したのかなど、くわしいメモを取るように心がけたい。このような姿勢が相手のより注意深い対応やその後の誠実な行動を引き出すことにつながる。

次のような表現を用いるといいだろう。

○May I have your name? (お名前をお伺いしてよろしいですか？)
○What department do you work in? (どちらの部署でいらっしゃいますか？)
○I'd like to have your name, department, and tele-

phone number.（お名前と部署名、電話番号を教えてください）

また、電話をかけ直すと言われた場合には、どこのだれが、いつ電話してくれるのかをしっかり確認しておきたい。

○When can I expect a call?（いつ電話をいただけますか？）
○Will you call me?（あなたが電話をくださるのですね？）
○Will you call me by Monday?（月曜までに電話してもらえますか？）

海外のレストランでのクレーム

すでに述べた商品の欠陥や配送に関するクレーム以外に、代表的で日本人に関わりが深いものといえば、旅先のレストランやホテルでのサービスに関するクレームだろう。

レストランでは食器の汚れ、注文品の間違い、伝票間違いなどの基本的なクレームと、スタッフのマナーや態度、料理の質など本来のサービスにまつわるクレームが考えられる。

前者についてはウェイターやサービス係に直接クレームを伝えればことは足りるが、後者についてはサービス係ではなく、責任者と直接話をするのがよい方法だ。

- I'd like to talk to your manager.（マネージャーと話がしたいのだが）
- I want to talk to the person in charge here.（ここの責任者と話したいのだが）
- Let me talk to your supervisor.（あなたの上司を呼んでもらえますか？）

といった表現で、サービスの質に関して判断でき、責任がとれる人物を呼び出すことから始めるのがよい。そのうえで感情的になるのではなく、状況を客観的に説明したい。

- I was very disappointed with the service here.（こちらのサービスにはがっかりしました）
- I had to wait one hour for my order.（注文を1時間も待たされましたよ）
- John Smith has been very rude to me.（ジョン・スミスさんの態度が非常に悪いのです）

相手のサービス姿勢をはっきりさせることが大切

ネイティブは、このように状況を説明した後、責任者からさらに明確な意見を聞くため、サービスに関する姿勢についてたずねる場合が多い。

日本的な思考ではなかなか思いつかない話し方のストラテジーと言えるだろう。ぜひとも参考にしてもらいた

い。

○Is this your normal policy?（これが御社の通常の方針なのですか？）
○Is this the kind of service you always provide?（これは御社の通常のサービスですか？）
○Do you allow this from your employees?（このようなことを社員に許しているのですか？）
○Are all your employees so rude?（お宅の従業員は全員態度が悪いのですか？）
○Don't you provide any training to your employees?（社員教育はまったくなさってないのですか？）

このように述べることで、その店舗のサービスに関する姿勢をはっきりさせ、通常と比べて劣ったサービスを受けたのだと主張することが可能になる。

いつもいい加減なサービスをしているのだと開き直ってしまうようなレストランやホテルもなかにはあるかもしれないが、上述のような方法は、一般的には非常に効果的なクレームの戦略と言えるだろう。

このような方法で、お互いの立場をはっきりさせたうえで、要求を述べるようにする。具体的には次のようなものが代表的な要求内容になるだろう。

○I refuse to pay for this meal.（食事の代金の支払い

を拒否します)
- I want a discount on this meal. (割り引きしてください)
- I'm not going to pay for this item. (この品には支払いをしないつもりです)
- I don't feel I should have to pay for this. (この代金を支払う必要はないと思いますが)
- I want an apology from that employee. (従業員に謝罪させてください)

このように筋道を立ててしっかりとした態度でクレームを伝えられれば、常識のあるホテルやレストランならきちんとした対応をしてくれるはずだ。

それでも解決しない場合には、以下のような言い回しを覚えておき、二度とその店には足を踏み入れないようにするのが最良の方法だ。

- This will be my last time to come here. (今回がここに来る最後になるでしょう)
- I'm sure all my friends will want to know about this restaurant. (私の友人たちもみなこのレストランのことを知りたいでしょう)
- I'll be sure to let everyone know about the bad service here. (こちらのサービスの悪さは、必ずみなに伝えるようにします)

助けてくれた人にはきちんとお礼を

できればクレームの場面では、最後まで誠意をもって紳士的な態度を持ち続けたい。特に、問題がうまく片づいたときには、解決に協力してくれたスタッフあるいは担当者に対して、以下のような感謝の言葉を残すようにしたい。

- ○I appreciate this.（感謝します）
- ○Thank you for your help.（ご協力感謝します）
- ○I appreciate all you've done.（いろいろありがとうございます）
- ○Thank you so much for solving this problem.（この件を解決してくださり感謝します）
- ○You've been very helpful, and I really appreciate it.（助かりました。本当にありがとう）
- ○I look forward to coming back again.（またここに来るのを楽しみにしています）
- ○Thank you for dealing with this effectively.（うまく処理してくれてありがとう）

あくまでも紳士的な態度で接し続けることが、それ以降の両者の関係を良好に保ってくれる。ていねいに感謝を述べられた側は、次の機会にも快くサービスを行ってくれるだろう。逆に、感謝の言葉ひとつなしに店を立ち去った場合には、相手に報われない思いを残してしまい、将来のサービスに再び影響が出ることも考えられる。

レストランでの具体的なクレーム表現

　次に、レストランでのサービスへのこまかなクレームに関する具体的な表現をまとめておくので、参考にしてほしい。

〈サービスに関するクレーム〉
　○This fork is dirty.（フォークが汚れています）
　○This cup is cracked.（コップにひびが入っています）
　○There's something in my water.（水に何か浮いています）
　○There's a bug in my salad.（サラダに虫が入っています）
　○This isn't what I ordered.（私が注文した物じゃありません）
　○This isn't my order.（私の注文じゃありません）
　○I asked for the dressing on the side.（ドレッシングは別にしてと頼んだのですが）
　○I ordered halibut, not steak.（ステーキじゃなく、ハリバ［魚のオヒョウ］を注文したのですが）
　○I asked for rice, not bread.（パンではなく、ご飯を頼みましたが）

〈支払いに関するクレーム〉
　○I think my bill is wrong.（伝票が間違っていると思います）

○We ordered this, but it didn't come.（これは注文しましたが出てきませんでした）

○We didn't order this item.（この品は注文していません）

○I think the price for this item is wrong.（この品の値段が間違っています）

○It doesn't seem to be added up correctly.（合計が間違っているようです）

○What's this charge for?（これは何の料金ですか？）

ホテルでのクレーム

　最後になるが、ホテルに滞在するときにも、器具の故障、清掃の不備、騒音といったさまざまな問題が発生するが、ホテルでのクレームについては、レストランの場合とは異なり、最初から直接、迅速に問題に対処する力を持つ責任者を呼ぶのがよい。

　以下に、実際にクレームをつける際の具体的な表現をリストアップしておくので参考にしてもらいたい。

○My room hasn't been cleaned.（部屋が清掃されていません）

○The bathroom in my room hasn't been cleaned.（バスルームが清掃されていません）

○I requested an ocean-view room.（海の見える部屋を頼みましたが）

○The air conditioner is too loud.（エアコンがとても

うるさいのです)
○My television reception is poor.（テレビの映像が悪いのですが）
○The people next door are too loud.（隣の部屋がうるさいのです）
○My bed is squeaky.（ベッドが軋(きし)みます）
○The shower doesn't work.（シャワーが出ません）

第 **7** 章

注意する・警告する・叱責する

> 注意や警告にもさまざまなレベルのものがある。この章では基本的な注意喚起の方法から、感情的な警告の不毛性、命令調の警告などやってはいけない間違った注意の仕方、情報収集の重要性や問題点の指摘の方法などを具体的に紹介していく。たんに叱りつけるだけにならず、相手が気持ちよく納得して実際の改善につながるような、上手な注意、警告、叱責の仕方を検討していこう。

1 ちょっとした注意、警告表現

日常生活で何かをするとき、必ずそこには自分以外の他人が介在する。洋の東西を問わず、もちろんその中には、自分にとって不快な行動をする相手もいるものだ。

この章では、そのような場合に必要な注意、警告、叱責などの表現に焦点を当てることにしよう。

ビジネス上重要な、部下への警告などは後回しにすることにして、まずはオフィスでの日常的な注意表現、警告表現について見ていこう。

日常的な注意はさりげなくフレンドリーに

日常のほとんどの場面では、簡単な注意喚起のひとことで相手は理解を示してくれる。たとえば、喫煙が許可されていない場所でタバコを吸っている人に向かって注意したい場合には、次のような簡単なひとことで十分事足りるはずだ。

○I don't think smoking's allowed here. (ここは禁煙だと思いますよ)
○The smoking room is over there. (喫煙所はあちらですよ)
○I'm sorry, but the smoke really bothers me. (すみませんが、煙がひどく気になるのですが)
○Excuse me, but the smoke makes me sick. (失礼で

すが、煙で気分が悪いのです)

　このように簡単な注意喚起の言葉を投げかけてやることで、普通の人なら、喫煙が許されていないこと、あるいはその人物が喫煙に嫌悪を感じていることを理解してくれるだろう。特に大げさに感情的になって注意するのではなく、ここで挙げたような表現で、さりげなくフレンドリーな調子で注意してあげるのがいいだろう。

簡単な注意や警告によく使われる表現
　上で挙げたような例のほかにも、ひとこと相手に注意したい場合はたくさんある。たとえば、エアコンの温度を下げすぎないでほしい、紙の無駄づかいをしないでほしい、窓を開けないでほしいなど、ちょっとひとこと言いたい場合だ。
　ネイティブはこのような場合、Could you...? あるいは Let's...、We need to... などの表現を多用する。
　Could you...? はすでに第2章で紹介したように、もっとも一般的な依頼表現のひとつで、「〜してくれませんか？」という意味の言い回しだ。Let's... は「〜しようよ」と相手に自分の意志や考えに同調してほしいときの言い回し、We need to... は「〜すべきだと思うよ」と常識に照らしてそうするのがいいと自分の判断を伝える表現だ。
　いずれも嫌みな響きがなく、ちょっとした注意にはもってこいなので、マイナーな警告にはこのような表現を

使って自分の意志をさりげなく伝えるようにするといいだろう。少し場面別に例を挙げておくので参考にしてほしい。

〈エアコンの温度を下げないでほしいとき〉
　○Let's try to keep the air conditioner in the normal range.（エアコンは通常の設定に保つようにしようよ）
　○Let's not turn the air conditioner down too low.（エアコンをあまり下げすぎないようにしようよ）

〈少し静かにしてほしいとき〉
　○Could you lower your voice?（声を落としてもらえますか？）
　○Could you keep it down? I'm trying to concentrate.（ちょっと声を落としてくれませんか？　集中したいんです）

〈紙の無駄づかいをやめてほしいとき〉
　○We need to use both sides of the paper.（紙の両面を使うようにしたほうがいいよ）
　○Let's not throw this paper away.（この紙は捨てないようにしよう）

〈窓を開けないでほしいとき〉
　○Could we keep it closed? I have the chills.（窓は閉めておけない？　寒気がするの）

○Let's close it.　I'm afraid the wind will blow these papers around.（窓は閉めようよ。風で紙が飛ばされそうだよ）

2　部下への上手な注意、警告の仕方

ビジネスでも注意喚起表現の基本ルールは同じ

　相手に簡単な注意をしたいときはフレンドリーな言葉でさりげなく行うのがいいことはすでに述べた。ふつうは簡単な注意を行えば、相手の行動がなんらかの問題を生じているのだということに気づかせるのには十分なのだ。

　会社のルールに触れるようなもう少し重要なことも、まずは簡単な注意喚起の表現を使って対処するのがいいだろう。

　たとえば、少し遅刻してきた部下や同僚に向かって軽く注意しておきたいときなどにも、まずは以下のような簡単なひとことをフレンドリーに投げかけておくのがよい。

○Aren't you a little late today?（今日はちょっと遅いんじゃない？）
○I'm glad you're here.　We've been waiting for you.（君が来てくれてよかった。待ってたんだ）

　ふつうの神経をもつ部下や同僚ならば、これだけでも

自分の行動が周囲に迷惑をかけたのだということに気づいてくれるはずだ。

　まずは相手に気づかせることが重要な第一歩。ふつうの人物であれば、自分の非に気づけば、自ら反省し、その行動を修正するように心がけてくれるはずだ。

注意や警告は感情的に行わない

　しかし、簡単な注意喚起ではすまない問題を部下が抱えてしまうこともある。たとえば、部下の仕事の質が下がってきた、仕事への意欲が減退している、遅刻を繰り返してばかりいるといった、深刻な問題に発展しかねない問題を部下が抱えてしまったような場合だ。

　そのようなとき、とかく感情的になって以下のような言い方をしてしまう上司もいるだろう。

　×You're always slow.（君はいつも仕事が遅いな）
　×You're always late.（君はいつも遅刻してくるな）
　×You never finish on time.（君は一度も時間どおりに終わったことがないな）
　×You never meet your targets.（君は目標を達成したことがないな）

　しかし、常識で考えてもわかるが、このように嫌みっぽい口調で感情的な表現をしてはいけない。
　この種の表現には、alwaysあるいはneverといった誇大な言い回しがつきものだが、このように「君はいつ

も〜だ」「君は一度も〜したことがない」と相手を決めつけるフレーズは上司たるもの決して使ってはならないものである。

これでは将来にわたり相手の行動が改善しないだろうと決めつけているようなもので、いくら相手が部下であっても、このような感情的な叱責を承服してくれるはずもない。部下との信頼関係を自ら断ち、必ずや彼らのモティベーションを落としてしまうことになる、上司失格と言ってもいい表現だ。

感情的になってしまった場合の待避表現

もし、不本意ながら自分が感情的になっていることに気づいたら、以下のような表現で時間を稼ぎ、自分の気持ちを落ち着けてから、もう一度部下と話をする時間をとるといい。

○I need a few minutes to gather my thoughts.（ちょっと考えをまとめる時間がほしい）
○I'm really angry right now, so let's talk about this in the afternoon.（今は頭に血が上っているから、この件は午後に話そう）
○I need time to think this over. I'll talk to you later.（じっくり考える時間が必要だ。あとで話をしよう）

このような言い回しを覚えておけば、高ぶった自分の

気持ちを抑えるとともに、じっくりと部下の状況や自分の対処法を考え直す余裕を得ることができ、自分にとっても部下にとっても最良な解決策を見出すチャンスを広げることができる。

ビジネススキルや性格を取り沙汰しない

感情的な言い回しでの警告がよくないことはすでに述べたが、相手のビジネススキルや性格に関する問題を取りあげて攻撃するのも考えものだ。

以下のような表現がそうだが、非常に独断的な響きがあり、聞いている相手は決して快く受け取ってくれないだろう。

×You're not very good at sales, are you?（営業が苦手なんだね）
×I wish you were more creative.（君がもっと創造的だったらいいのにな）
×You're the kind of person that's always late.（君はいつも遅刻気味だね）

日本語でなら決して口にしない人でも、こと慣れない英語となると、ついこのようなコメントをしてしまいがちだ。

このような言葉に奮起して向上しようとする人物もなかにはいるだろうが、多くの場合、相手を怒らせてしまう結果となる。

部下は命令では動かない

部下に注意する場面での、もうひとつの上司の典型的な言動に、「命令」をあげることができる。

上役の立場からの命令表現は一時的な問題解決には役立つかもしれないが、決して根本的な問題解決にはつながらない。それどころか、かえって将来の長きにわたり部下の反感を買ってしまうことになるかもしれない。命令では人は動かないのだ。

以下のような強い命令口調の表現は英語でのビジネスだけではなく、日本人同士のビジネスの場でも絶対に口にしてはならないものだ。

×Stop complaining all the time!（文句ばかり言うな）
×Just shut up and do your job!（黙って仕事をしろ）
×Get to work!（仕事に就け）
×You're too slow!（遅すぎるぞ）

部下に不満を抱いたら、まずは情報収集を

悪い例ばかりを述べてきたが、では、上司はどのような態度で部下に接していけばいいのだろうか？

上司がまず最初に行うべきことは、彼らの仕事に満足していないことを部下に率直に伝えつつ、相手から情報収集することだ。まず、以下の表現を見てほしい。

○You don't seem your own self. Is something the

matter?(君なんだか落ち着かないね。どうかしたの?)
○Has something been bothering you recently?(近頃何か悩み事でもあるのかい?)
○I've noticed your performance has been down. Is something wrong?(君の実績が落ちているのに気づいたんだが、どうかしたのかい?)
○It seems you're not meeting your targets. Is there anything I can do to help?(どうも目標に届いてないようだが、何か手伝えることはあるかな?)
○You've been late several days this week. Is something going on?(今週は何度か遅れたけど、何かあるのかい?)

このような表現を投げかけることで、自分の抱えている問題に気づかせることができれば、問題は半分解決したも同然だ。すでに述べたことの繰り返しになるが、自分に問題があることに気づいた部下の多くは自らその問題を解決しようと試みるようになるだろう。

よりはっきりと相手に問題点を伝える方法

しかし、このように問いかけても自らの問題に気づかない人物もいる。また、部下が上司に反感を抱いている場合、自ら行動を修正しようとはしない可能性もある。

このような場合には、より直接的に問題点を指摘しなければならないことになる。その場合には、何が問題で、

第7章 注意する・警告する・叱責する

どうしてそれが受け入れられないのか、あるいは逆に会社がその人物に何を望んでいるのかを、具体的に説明するのがよい。注意したい点は、次の２点だ。
①相手の性格を攻撃するのではなく、行動に焦点を当て、具体的に問題点と理由を述べること
②ネガティブではなく、ポジティブな表現で問題点を伝えること
以下に具体例を示すので、比較してみてもらいたい。

△Don't you care about the problems you're causing your co-workers?（君が同僚に迷惑をかけているのが気にならないのか？）
○When you're late for work, it causes problems for your co-workers.（君が遅れてきたら、同僚に迷惑がかかるんだ）
　　➡上の表現では Don't you care...?（気にならないのか）と、相手の性格的な問題に言及している。下の文では問題点とその理由を具体的に述べている。

△If you were motivated, you would be on time.（もし君に意欲があれば、時間どおりに来るだろう）
○Being on time shows that you are motivated.（時間どおりに来るのが意欲を表すことになるのだよ）
　　➡上の文は、相手に「意欲がない」と否定的に決めつけている。性格に言及した悪い例だ。二番

目の文は、会社の判断基準に照らして、部下に望むことをポジティブに伝えている。

△Your poor performance shows that you don't care about your job.（君の悪い実績は君が仕事に関心を持ってないことを示している）
○The company judges your motivation based on your performance.（会社は君の実績で君の意欲を判断するよ）
　　➡上は相手の性格に言及した感情的な表現。下の文ではポジティブな表現で、基準を示しながら問題解決を促している。

未来に目を向け問題解決の糸口を探らせる

問題点を伝えた後で上司のなすべきことは、すでに過ぎてしまった過去に言及するのではなく、将来に向けた新たな規範や目標を部下自身の中から導き出してやることだ。

○I know you're not lazy.（君は怠け者ではないよね）
○I know you want to do your best.（君はベストを尽くしたいと思っているよね）
○I know you want to do a good job.（君はいい仕事をしたいと思っているよね）
○I know you want to be on time for work.（君は定刻に出勤したいと思っているよね）

上にあげた I know...(〜と理解しているよ)という言い回しは、相手への理解を示すのに非常に役に立つ。

このような表現で前置きしておいてから、部下自身が積極的に問題解決に向け行動するように促してやるようにするとよい。

相手の自発性を引き出すには、次のような表現が役に立つだろう。

○What do you think is the best way to solve this?（これを解決する最良の手段は何だと思うかい？）
○What would you do if you were in my position?（君が僕の立場にいたらどうすると思うかね？）
○How do you think we should deal with this problem?（われわれはこの問題をどのように処理すべきだろう？）
○What can we do to prevent this from happening again?（どうしたらこの問題の再発を防げるかな？）

このように、未来に目を向けた解決策を部下に問いかけることで、彼らは強制された解決ではなく、自分が選択した手段で自らの問題点を解消していくことができる。

もちろん上司はさらによい解決法を知っているかもしれないが、それを部下に強制するのではなく、部下自らが選んだ解決法を選択させるのがいいだろう。そうすることで彼らは進んで問題解決にぶつかっていく気持ちを

継続することができるようになるからだ。

それでも改善が見られない場合の叱責表現

すでに述べたような方法を試してみたが、それでも行動を改めない部下には、心を尽くしながらも厳格に対処するしか方法はない。行動に改善がみられない場合の結果や対処を客観的に提示して見せることになる。あまり使いたくない表現だが、参考のためにこの章の締めくくりに取りあげておく。

- ○Unless this problem is solved, we'll have to terminate you. (もしこの問題が解決しないのなら、君に辞めてもらわなければならないだろう)
- ○This problem has to be dealt with for you to continue to work here. (ここで働き続けるには、君にこの問題を解決してもらうしかない)
- ○I don't want to lose you, but that might happen without a solution. (君を失いたくはないが、解決がなければそれもあり得る)
- ○If we can't find a solution, we'll need to cut your pay. (もし解決策が見つからなければ、君の給与を下げる必要が出てくるだろう)

第 **8** 章

謝罪する

丁重すぎる謝罪、形式張った謝罪やしつこく繰り返される謝罪の文句は、ネイティブに誤解を招くことが多く、かえってマイナスとなりがちだ。自らの落ち度を誠実に認め、上手にネイティブに対して謝罪する方法を、ぜひ知っておきたい。友人へのちょっとした謝罪から、職場でのミスにまつわる謝罪、交通事故などの重大な場面での謝罪など、シーン別に紹介する。

1 ちょっとしたことでの謝罪

日本的な謝罪ではネイティブには伝わらない

　英語のネイティブ・スピーカーたちとの比較で考えてみると、日本人は必要以上に謝罪を繰り返す傾向にある。しかし、実際にはそのタイミングや表現がネイティブにはピンとこないため、謝意がきちんと伝わらない場合が多い。

　日本的な感覚で、ネイティブにとっては誠意に欠ける響きの謝罪表現ばかりを必要以上に繰り返した結果、ネイティブからかえって不誠実な人間であるという烙印を押されてしまう可能性すらあるだろう。

　また逆に、重大な場面であるのにいい加減な謝り方に聞こえてしまう英語で謝罪を入れる日本人も多い。きちんと謝罪すべき場面でいい加減な物言いをすれば、他人に気を遣えないマナーの悪い人間だと思われてしまう。

　この章では、ネイティブにきちんと謝意が伝わる効果的な表現方法について見ていこう。

ちょっとした謝罪は簡単なひとことで十分

　まず、日常のちょっとしたことを詫びるにはどうしたらいいのかを考えてみよう。

　たとえば、友人との約束に数分遅れてしまった場合などは次のような簡単な謝り方で十分だし、特に理由までくわしく述べる必要もない。

○I'm sorry I'm late.（遅れてすみません）
○Sorry I'm late.（同上）
○I'm sorry to keep you waiting.（お待たせしてすみません）
○Sorry to keep you waiting.（同上）
○I'm late, I know.（遅れちゃいましたね）
○How long have you been waiting?（どのくらい待ちましたか？）

ほとんど日本語での会話と変わりないことがわかるだろう。英会話であっても、このようなちょっとした謝罪にはそれほど気を遣わなくてもかまわないのだ。

少し相手に迷惑がかかった場合

しかし、相手を長く待たせてしまった場合にはもう少し言葉が必要になる。英語でも、日本語と同様、謝罪の言葉の後に、どうして謝らねばならない状況に陥ったのかを加えて説明するのがふつうだ。その場合、できるだけ正直に本当のことを相手に告げるのがいいだろう。ネイティブは以下のような表現で申し開きをするが、ほとんどの場合それは本当のことである。

○I lost track of time.（時間がわからなくなってしまって）
○I didn't realize it was so late.（こんなに遅いとは気

づきませんでした)
- I misjudged the time. (時間を見間違えました)
- I got a late start. (出発が遅くなりまして)
- It took me longer to get here than I expected. (予想より時間がかかりまして)
- An emergency came up. (緊急事態が起こりまして)

これらは理由の内容も日本で用いられるものと大差はない。少し長くなるが、もう少し具体的な例を挙げておこう。知っておけば役に立つ表現ばかりだ。

- I overslept. (寝過ごしてしまいました)
- My alarm clock didn't go off. (目覚ましが鳴りませんでした)
- My last appointment ran over. (ひとつ前の打ち合わせが長引きまして)
    * run over =「超過する、長引く」
- I couldn't get a taxi. (タクシーが拾えなくて)
- The trains were late. (電車が遅れまして)
- The roads were crowded. (道が混み合ってまして)
- I got stuck in traffic. (渋滞に捕まりまして)
- I got lost. (道に迷いまして)
- There was an accident on the road. (交通事故がありまして)
- I couldn't find a parking place. (駐車できる場所が見つからなくて)

謝罪を効果的に見せる方法

　何か頼まれ事をしていたのをうっかり忘れてしまう場合もある。そのような場合も、忘れてしまったことを正直に伝え、簡単に謝罪する程度でかまわないが、ネイティブは以下のような表現で、自分がついうっかりしてしまったことを強調することが多い。

　そうすることで、頼まれていたことが大事なことであったのにという後悔の気持ちを表現し、謝罪をより効果的に見せようとするのだ。

　少し例を見てみよう。

〈自分のミスを強調しながら謝る表現〉

　○Oh, I can't believe it. I forgot to get copy paper.
　　（あっ、信じられない！　コピー用紙を買うの忘れちゃった）

　○What was I thinking? I forgot the copy paper.（何考えてたんだろう？　コピー用紙忘れちゃった）

　○I must be getting senile. I forgot the copy paper.（ぼけてきたのかも、コピー用紙忘れちゃった）

　○Oh, no! The copy paper!（あれっ！　コピー用紙）

　○The copy paper slipped my mind. I'm sorry.（うっかりコピー用紙を忘れました。すみません）

　○I don't know how, but I forgot to get copy paper.（どうしてこうなったのかわからないんですが、コピー用紙を買うの忘れてしまいました）

このように自分の間違いを信じられないほど愚かなものと表現したり、自分がどうかしていたことを強調したりすることが、その後に続く謝罪表現をさらに引き立てている。

償いの意思表示も大事

自分が何かの失敗を犯して謝罪を行い理由を述べた後では、きちんとそのミスを償おうとする意思表示も忘れないようにしたい。次のようなフレーズを覚えておき、自分でミスを補う行動をとるように心がけるのがいいだろう。

ここでは何かを買い忘れたときに、自分からもう一度買いに行くことを申し出る表現を例として挙げておく。

○I'll go get it now.（今買いに行ってきますから）
○I'll get it this afternoon when I go to the bank.（午後銀行に行ったときに買ってきますから）
○If you need right away, I'll go get it now.（すぐ必要ならば、今買いに行ってきます）

相手に迷惑をかけたら、少々大げさに謝罪する

すでに述べた二つの状況はそれほど重大な謝罪を必要としないものだったが、たとえば友人との大事な約束を違えてしまったときなどは少し話が違ってくる。

相手を長時間待たせたり、相手の予定を台無しにして

しまったりして迷惑をかけたときには、より誠実な表現での謝罪が必要になる。そのようなときネイティブは以下のような表現を使う。

○Oh, I'm really sorry.（ああ、本当にごめんなさい）
○Oh, I'm so sorry.（同上）
○Sorry, sorry, sorry.（すみません、すみません、すみません）
○Can you ever forgive me?（私を許してもらえますか？）

このような謝罪表現に加えて、次のような言い回しを使って、いかに自分が申し訳なく思っているのかを相手に伝えるようにするのがいいだろう。日本人には少々大げさに思えるかもしれないが、ネイティブにとっては以下のような表現も決して大げさではない。

このような表現を覚えておけば、自分の気持ちまできちんとわかってくれているのだと、ネイティブは好感をもって謝罪を受け取ってくれるだろう。

○You don't know how bad I feel.（僕がどれだけ悪いと思っているかわかってもらえないでしょう）
○I know you'll never forgive me.（決して許してはもらえないと思いますが）
○I wouldn't blame you if you really hated me.（あなたが僕を嫌いになっても仕方のないことです）

○You must hate my guts.（心の底から私に嫌気がさしてるでしょう）
○I can't blame you if you never speak to me again.（あなたに二度と口を利いてもらえなくても仕方ありません）

　ここまでに取りあげたような表現や気遣いが身につけば、英語で謝罪するときにもとりあえずは困らないはずだ。次の節では、もう少し複雑な場面での謝罪について考えてみよう。

2　ビジネス上の謝罪表現

言い訳せず自らの落ち度を認めることが大切

　すでに少し取りあげたが、ここからはビジネスの場面でのもう少し込み入った状況での謝罪の仕方の話をしよう。

　難しい状況での謝罪に大切なのも、やはり正直であることだ。真摯な態度で自らの非を認め、誠実に相手に謝罪する姿勢を持てば、ネイティブも好感を持ってくれるだろう。

　逆に、責任を回避しようと、自分の失態を他人や状況のせいにしようとする不誠実な態度は、非常に子どもっぽく映ってしまう。

×It's not my fault.（私のせいじゃありません）

×Don't blame me.（私を責めないでください）
×It was Sally's fault.（サリーのミスですよ）

このような表現は幼稚な言い訳に聞こえてしまい、状況の好転には何の役にも立たないと心得ておいたほうがいいだろう。

×Bill did the same thing.（ビルも同じことをしていましたよ）
×I saw you do it.（あなたがそうするのを見かけましたよ）

このような責任回避の表現も同様に幼稚に聞こえる。
やはりもっともよいのは、きちんと自分の失敗や非を認め、その旨をまずは以下のように表現することだ。

○I am the guilty person.（私が悪いのです）
○I did it.（私がやりました）
○You can blame me.（私の責任です）
　➡直訳は「あなたは私を責めることができます」。

自分の失敗に気づいたら、自分から打ち明ける

また、だれかに自分の落ち度を指摘される前に、そのことに自分で気づく場合もある。明らかに自分が使っている間にコピー機の調子が悪くなってしまった場合などがそうだ。

そのようなときには、当然のことだが、自分から周囲の人、あるいは上司などに自分のミスや落ち度について打ち明けるようにするべきだ。

○I'm sorry, but I broke the copy machine.（すみません、コピー機を壊してしまったみたいです）
○The copy machine is broken. I did it.（コピー機が壊れました。私のせいです）

ネイティブでも日本人でも同じことだが、このように、冷静に自分の非を認める人物をしつこく追及することはない。きちんと責任を認めた相手に対して周囲の人たちも誠意をもって対処してくれるだろう。やはり、どのようなときにも誠実に責任を認め、謝罪する姿勢こそが大切なのだ。

自分に責任がない場合の対処の仕方

謝罪から話はそれるが、自分の非ではないことについて責任を追及されることがある。だれかに何かで罪を着せられそうになった場合には、もちろん黙っていてはいけない。

何も言わないでいれば、周囲のネイティブはあなたが非を認めているのだと思い込んでしまうだろう。このようなときは以下のような表現で、冷静に自分に非がないことを明言しておくようにする。

○I don't know who did it, but I do know it wasn't me.（だれがやったのかはわかりませんが、私ではないことははっきりしています）
○Don't look at me.（私の責任ではありませんよ）
○I'm not going to take the blame for this.（これは私の責任ではありません）

もちろん、このような場合にも、

×It's not my fault.（私の責任じゃありませんよ）

といった感情的で幼稚な表現を使って責任を回避しようとするのは慎むべきであるのは言うまでもない。

ていねいすぎる謝り方は禁物

　日本企業では、謝罪は非常に重要なコミュニケーションのひとつと言えるだろう。しかし、欧米の企業人は謝罪という行為を日本ほど重要だと考えていないことも理解しておきたい。
　もちろん謝意を誇張するような表現も英語には存在するが、そのような美辞麗句で謝られることよりも、「責任を取る」というひとことを受け取るほうが欧米人には納得がいくものなのだ。

　△You have my sincere apology.（心よりお詫び申し上げます）

△I apologize to you from the bottom of my heart. (深く心よりお詫び申し上げます)
△I offer you my deepest and sincerest apology. (誠心誠意のお詫びを申し上げます)
△I would like to offer my sincere apologies for this mistake. (今回のミスに関して心よりのお詫びを申し上げます)

このように、格式張った英文レターに登場する文句を諳んじたような言い回しで謝罪を連ねられるよりも、以下のような言葉で、責任をもって自分の犯したミスや過ちの解決にあたる姿勢を示してほしいのだ。

○I take full responsibility for this. (この件では私が全責任を取ります)
○I take full blame for this mistake. (このミスはすべて私が責任を負います)
○What can I do to make up for this mistake? (このミスを補うのに私はどうしたらいいでしょうか？)
○I'm going to do what it takes to deal with this. (この件を解決するのに必要なことをいたします)
○This is my problem, and I'm going to solve it. (これは私の問題です。私のほうで解決いたします)
○I made this mistake, now I'm going to take care of it. (私がこのミスをしでかしました。私がなんとかします)

もちろん謝罪の言葉は必要だ。しかしながら、この章の最初にもお話ししたように、不必要に大げさな謝罪の言葉を繰り返すよりも、上記のような表現で責任を認めたうえで、自らその失態の解決に対処する心づもりであることをきちんと表明するほうが、ネイティブには誠実に映るものだということを肝に銘じて覚えておきたい。

交通事故など重大な場面での謝罪

　ついでなので、交通事故の場面での謝罪の方法について少し触れて本章を締めくくることにしよう。

　保険会社の戦略で多くの日本人の間に有名になったのが、アメリカをはじめとする欧米諸国などで、交通事故に巻き込まれたときの英会話の方法だ。

　「欧米諸国、特にアメリカで事故にあったときには、謝罪しては絶対にダメ。謝罪した瞬間に罪を認めたことになるのだ」と、多くの日本人は教え込まれている。

　これは間違いではない。しかし、明らかに自分のほうに非があるときにも黙りこくっているのは考えものだ。もちろん自分に非がない場合には謝罪すべきではないが、明らかに自分に非があるのにひとこともなしでは、事故で損害を受けた側の気持ちは収まらないだろう。

　△It's all my mistake.（すべて私のミスです）
　△I'm to blame.（私に責任があります）
　△I did a stupid thing.（馬鹿なことをしました）

と言えというのではない。謝罪するとまではいかなくとも、少なくとも以下のような表現で、相手に対する思いやりの気持ちは示すべきだろう。そうでなければ、車をぶつけられた相手が納得せず、いつまでもあなたに向かって怒鳴り続ける可能性すらある。危険なケンカにまで発展してしまう前に、以下に挙げるような、相手の気持ちを察する言葉をかけてあげることは心がけたほうがいい。

○I'm sorry this happened.（この事故が起こってしまい残念です）
○It's unfortunate this happened.（この事故が起こったのは不幸なことです）
○This is really unfortunate.（本当に不幸なことです）
○I wish this hadn't happened.（こうならなければよかったのですが）
○I know you're upset.（憤慨するお気持ちはわかります）
○I don't blame you for being upset.（憤慨なさるのも仕方ありません）

第 **9** 章

悪い知らせを伝える

> たとえば解雇や降格の通告など、悪い知らせを伝えるときには、相手にいかに心の準備をさせるかがポイントだ。いかに相手の感情を害さず、誠実かつ詳細に報告を行うことができるかが、成否の大きな鍵となる。また、上手な前置き、解決策の提示、その後のフォローなどは、相手に妙な逆恨みをされずにむしろ励ましにもつながる。ネガティブな物事の報告には必要不可欠なノウハウなのだ。

まず相手に心の準備をさせる

　悪い知らせを伝えたり報告するのは嫌な役回りだが、だれかがその役を引き受けることになるのは間違いない。悪いことは起こるもので、企業社会で仕事を続けている限り、だれもがいつかはそのような立場に身を置くことになる。

　そんなときに、その悪い知らせを相手にどのように伝えればいいのかは非常に難しい問題だ。相手にとっても自分にとっても最良となるような方法や言い回しで、悪い知らせを伝えなければならない。

　このような場合ネイティブは常套手段として、まず相手に心の準備をさせるフレーズをよく使う。

　少し例を挙げてみよう。

○I have some bad news.（悪い知らせがあるんです）
○There's something I have to tell you.（話をしなければならないことがあります）
○I'm afraid that…（残念なことですが……）
○I'm sorry, but…（同上）
○I don't want to tell you this, but…（話したくはないことなんですが、……）
○I wish I didn't have to say this, but…（言う必要がなければいいなと思うのですが、……）
○I need to tell you something.（あることをあなたに伝えなきゃならないんです）

○You'd better sit down.（落ち着いて聞いてほしいんですが）

　＊sit down には「落ち着く」という意味がある。

○I know you don't want to hear this, but...（聞きたくないことだと思いますが、……）

○We have some serious matters to discuss.（話し合わなきゃならない重大なことがあるのです）

○I'm afraid I have some bad news for you.（残念ですが、悪い知らせがあるんです）

　このような言い方をすれば、自分では伝えたくないことを不承不承伝えている格好になる。さらに、それが相手にとってよくない話であることを前もって相手に伝え、相手に心の準備をさせてやることができるだろう。そのうえで、話を具体的に告げるようにするのがいい。

かえって相手を感情的にするフレーズ

　悪いニュースを受け取ったとき、相手が怒りをあらわにする場合がある。しかし、そんな場合には、相手の怒りに即座に対応するのではなく、相手が落ち着くのをじっくりと待つのが最良の方法だ。

　次のようなフレーズで相手をなだめようとする人がよくいるが、かえって反感を買い逆効果となることもあるので注意したほうがいい。

　△Calm down.（落ち着いて）

△It's not that big of a deal.（たいしたことじゃないじゃないか）
△It doesn't matter.（同上）

　Calm down.では、その人が非常に動転していると思っていることを暗に伝えてしまうし、not that big of a deal あるいは not matter のようなフレーズでは、たいした問題じゃないじゃないかという無責任きわまりない言い方になる。このような表現では深刻な問題でショックを受けている相手に、不用意な表現で追い打ちをかけてしまうことになるだろう。
　少しの間、黙って口を塞ぎ、相手が自然と落ち着くのを待とう。だれしもショックを受けた後に落ち着いて話ができるようになるまで、少し時間がかかるものだ。
　もし、悪い知らせがあなた自身とは関わりなく、あなたがたんに連絡だけを任されているのならば、

○Don't shoot the messenger.（伝令を撃つな）

という表現を覚えておくといいだろう。これは「たんに情報を運んできただけの人物を責めないでくれ」という意味の表現で、関わりのない自分を責めても仕方がないことを相手に伝えるときのフレーズだ。

解決策を提案してあげること
　相手が最初のショックから立ち直ったら、何らかの解

決策を与えてやるのがいいだろう。解決策があることを知らされることで、相手はさらに落ち着きを取り戻し、冷静に考えることができるようになる。医者が患者に悪い知らせを伝えるときにも、やはり何らかのオプションを持参するという。

解決策のオプションを伝えるときに使われるのは以下のようなフレーズだ。

○I can see three ways to respond to this problem. First.... Second.... Third....（この問題に対処するのには三つの方法があると思います、まずは……、次に……、三つ目は……）
○In this situation, we have two options.（この状況では、二つの選択肢が考えられます）
○I have a couple of solutions in mind.（僕の考えでは、いくつかの解決策があります）
○I think I know how we can deal with this.（僕に考えがあります）
○Let me explain our options.（いくつか選択肢を説明させてください）

いま取りあげたフレーズをよく見てもらうとわかるが、代名詞にI、myなどを用いず、we、ourなどの一人称複数形を使っているものが多い。別の章でも述べたが、「私」ではなく「われわれ」と表現すれば、相手への共感や協力の態度を表現することが可能だ。

一人称単数ではなく、一人称複数を用いることも、悪い事態や互いの協力が必要な事態に対処するときのネイティブの常套手段だということを、もう一度ここで確認してほしい。

再発予防策を伝えてあげることも大事

　悪い知らせを聞かされた場合、その人は、もう一度それが起こるのではないかと恐れを抱いてしまう可能性もある。そのことで相手が冷静に考え、行動することができないのなら、その不安も取り除いてあげるほうがいいだろう。だから、あなたは、もう一度同じ事態が起こるのを防ぐ方法も提案すべきなのだ。

　実際には次のような表現で話を切り出し、その後で具体的な問題解決策を相手にゆっくりと説明するようにすればいいだろう。

○I know how we can prevent this from happening again.（この事態がもう一度起こるのを防ぐ方法はあります）
○There is a way to prevent this.（これを予防する方法はあります）
○I have already taken measures to prevent this from happening again.（もう再発予防の手段を講じておきました）
○I can assure you that this will not happen again.（このようなことは、もう二度と起こらないと保証しま

す)

状況が悪化してしまう前の報告が大切

　悪い知らせのいくつかは放っておけば消えてなくなってしまうものかもしれない。しかし、それはあまりあてにしないほうがいい。実際には、悪い出来事は、放っておくとさらによくない事態へと変化する場合がほとんどだ。

　だから時には、事実の全容を理解、把握する前であっても、一部の情報を必要な相手に知らせておくことも大切だ。

○I don't have all the information, but I want to keep you informed.（全容はわからないのですが、お耳に入れておこうと思いまして）
○I don't yet understand why, but let me tell you what I know.（まだ理由はつかんでいないのですが、知っていることをお伝えしておきます）
○I want to let you know what happened as soon as possible.（何が起こったのかできるだけ早くお知らせしておこうと思いまして）
○I'm still investigating the problem.（まだ、問題を調査している最中なのですが……）

　このような表現で報告を行い、上司、クライアント、友人など事態に関係のある人たちの判断や意見を引き出

すことができれば、それ以上状況を悪化させるのを防ぐのに有益なのは言うまでもない。上述した表現は、危機管理のための報告表現としてきちんと身につけておきたいものだ。

正直に詳細に報告、連絡する

悪い知らせを連絡、報告するときは、責任逃れをするための弁解に気を取られるのではなく、正直にできるだけ詳細な報告をするのがいい。正直に、正確かつ詳細な報告をしておけば、話を聞いた相手も適切に問題に対処することができるだろう。

また、言った／言わなかった、隠し事をした／しなかったと、後になって余計なトラブルが持ち上がるのも予防できる。以下のようなフレーズを使えば、相手にあなたの誠意と誠実さが伝わる報告ができる。

○Let me give you all the information I have. (私の持っている情報は全部お伝えいたします)
○I want to bring out all the facts. (事実はすべて公表いたします)
○I think it's important that you know all the details. (あなたには詳細を知っておいていただくべきだと思いまして)
○I want you to understand that I'm being fully open. (私が何事も包み隠さず申し上げているのをご理解ください)

○I've told you everything I know.（私が知り及んでいることはすべてお話しいたしました）

○I'll let you know if I find out anything else.（何かほかにわかったことがあればご報告いたします）

○I'll keep you updated on any developments.（何か事態に変化があれば、ご報告いたします）

何でも報告すればいいというわけでもない

　この章では悪い知らせを伝えるときの基本的な表現を見てきた。しかしながら、その悪い事態に関する報告や連絡を行う場合には、その問題が本当に重大なものであることを強調するのも忘れてはいけない。

　たいした問題でもないのに、何でもかんでも報告していたのでは、関係者は不安で仕方がないだろう。悪い知らせを相手、特にクライアントに伝えるときには、その知らせが重要であり、事が起こったときには、自分だけで対処できない性質のものであることをしっかりと確認しておくべきなのだ。

　たいしたことでもないのに、くだらない警告を繰り返してばかりいると、そのうちトラブルメーカーあるいは自立心のない人物であるというレッテルを貼られてしまうにちがいない。

第 **10** 章

慰める

身近な人物やビジネス上でつき合いのある人の不幸に際して、どのような言葉と態度で接すればいいのかは、日本人相手ならともかく、相手がネイティブであれば大いに悩むところだ。この章では、どのような態度や言葉で接することが、不幸な境遇にある人を慰め癒すことができるのかを中心に取りあげる。お見舞いの言葉、訃報、慰めのひとこと、葬式での表現などもあわせて紹介する。

前章ではビジネス上の悪い知らせの伝え方について見てきた。この章ではプライベートな悪い知らせと、それに対する慰めの表現について見ていこう。

親しい間柄なら慰めの言葉をかける

　欧米では、入院や事故、離婚、ビジネス上の失敗などについてはふつう公の場での言及を控えるのが礼儀とされる。特にそれほど親しい間柄ではない人物に対して、相手の不幸にまつわる話をするのは避けたほうがいいだろう。相手が自分から何か具体的な話を切り出すまでは、そのような事柄についてはわざわざ口を開かないようにしたい。

　しかし、あなたが相手と親密な関係にあるのなら、話は別だ。以下のような元気づけの言葉を友人は歓迎してくれるはずだ。

- ○I know things are going to improve for you.（事態はきっと好転するよ）
- ○I have a feeling your luck will change for the better.（僕は君の運は好転すると感じているよ）
- ○There's always a tomorrow.（いつだって明日という日があるよ）
- ○Things are going to get better, I can tell.（きっといい方向に進んでいくさ）

話を聞いてあげることで相手を癒す

また、相手が、話を聞いてもらうことで安心するような人物であれば、以下のような表現で相手の話を聞いてあげる態度を示してやるのもいいだろう。

○Would you like to talk about it?（話をしたいかい？）
○Sometimes it helps to talk about it.（話をするのが助けになることだってあるよ）
○I'm good at listening, you know.（私、話を聞くの得意なのよ）
○Is there something you'd like to talk about?（何か話したいことはない？）
○Maybe I can't give much advice, but I can listen.（それほどアドバイスはできないと思うけど、話を聞いてあげることはできるよ）

次のような、相手を気遣い助けを申し出る言葉も覚えておくといい。たいていの場合、相手は No, thank you.（いや、ありがとう）、あるいは Thank you for offering.（申し出てくれてありがとう）といった返事で断りを入れ、あなたの申し出に甘えることはない。しかし、あなたのやさしさや心遣いこそが、相手を安心させ、相手の気持ちを落ち着かせる役に立つのは日本でも英語圏の国でも同じことだ。

○Is there anything I can do?（何か僕にできることはないかな）

○If there's anything I can do, please let me know.（もし何かできることがあれば、教えてね）

○I'd like to help if you need anything.（何か必要なら、手助けするよ）

家族に病人を抱える人へのお見舞い表現

　知り合いの家族が病気になったり入院したりしているときにも、やはり自分からあれこれと口を出してたずねるのではなく、そっとしておくのがいい。

　もし、相手に何か伝える場合にも、ちょっと具合をたずねて、後は快復を祈る程度に留めておくのがよい。以下のようなちょっとしたひとことで、十分にあなたの気持ちを伝えることが可能だ。

○I heard about your father. I hope he's feeling better.（お父さんのことを聞きました。よくなるといいですね）

○How's your father? Is he doing better?（お父さんの具合はどうですか？　よくなってきました？）

○Is your father feeling better?（お父さんの具合はよくなりましたか？）

　このほかにも、以下のような表現もネイティブの間ではよく用いられる。

○It must be really difficult on your mother.（お母さんのこと、本当に大変ですね）
○I hope you're able to spend some time with him.（彼と一緒に過ごす時間がとれるといいですね）
○Do you feel good about his care?（看病は大丈夫ですか？）
○Please let him know that we're thinking about him.（彼のことを思っていると伝えてください）

　このような表現を、あくまでもしつこくならないように使うのがいい。家庭のことはあくまでもプライベートなことと割り切っているネイティブは多い。そのような人たちには上に挙げた以上の突っ込んだ話を投げかけるのは避けるようにし、相手が話を続けようとした場合にのみ、さらに会話をつなぐようにするのがいいだろう。

訃報を伝える英語表現
　ここまでは不幸な境遇とはいってもそれほど重大なことではないときの相手とのやりとりについて話をしてきたが、ここからは人生においてもっともつらい出来事である死を伝える場合の表現や心配りについて話をしたい。
　訃報をはじめとする、個人的な悪報、凶報を伝える場合、特にこまかな心配りが必要になるのは洋の東西を問わない。
　訃報を伝えるとき、まず覚えておいてほしいのは、よ

く英会話書籍に掲載されているような堅苦しいビジネスレター張りのお悔やみの表現を誤って使ってはいけないことだ。

×You have my (deepest) condolences.（ご愁傷様です）
×You have my sympathy.（お察しいたします）
×Please accept my sympathies.（お悔やみ申し上げます）

このような表現は、たいてい葬式の折に用いられるもので、堅苦しく冷たい響きがある。常識で考えてもわかるだろうが、これらのフレーズが、相手にだれかが亡くなったことを初めて伝える場合に用いるものではないことをまず知っておきたい。

相手に心の準備をさせてから訃報を伝える

実際にだれかの訃報を相手に告げるときには、まず相手が心の準備を整えられるように、これから重大なことを告げるのだということを前もって伝える表現が必要だ。

このような場合ネイティブも、日本でよく使われるような表現で相手の気持ちを落ち着かせる。

○I want you to stay calm as I tell you something.（大事な話をするから、静かに聞いてほしいんだ）
○There's something you need to know.（君に知らせ

なければならない大事な話があるんだ)
- There's something I have to tell you.（話さなきゃならないことがある）
- I don't know a good way to say this, but....（どう言ったらいいかわからないんだが、……）

このような言い方をすれば、自分にとって悲しむべき重大事が起こったのだということを聞き手はなんとなく悟ることが可能だ。さらにそれが悪い知らせであるということを述べるには、

- I have some bad news.（悪い知らせがあります）
- I'm afraid I have some bad news.（残念ですが悪い知らせがあります）

といった言い方で言葉をつなぎながら、次のような調子で、実際にどのようなことが起こったのかを相手に伝えていくことになる。

- I have some bad news. I'm afraid Mark has passed away.（悪い知らせがあります。残念ながらマークが亡くなったそうです）
- There was an accident, and I'm afraid Mark didn't live.（事故でマークが亡くなったそうです）
- I'm afraid I have some bad news. Mark passed away last night.（残念ですが悪い知らせがあります。

マークが昨夜亡くなったそうです)

　ここで、die(死ぬ)という表現を使っていないことにも注意してほしい。日本語でもそうだが、直接的に「死」を表現する die という動詞は避け、pass away(亡くなる、みまかる)という婉曲表現を用いるのが普通である。
　また、そうとは知らずに電話をかけてきた相手などに、その人物がすでに亡くなってしまったことを知らせなければならないこともあるだろう。そのような場合には以下のような表現が必要となろう。

○Oh, I'm sorry. I'm afraid he passed away last week. Were you a friend?(あっ、残念なことなのですが。彼は先週お亡くなりになられました。お友達でいらっしゃいますか?)
○I'm sorry to have to tell you this, but Mark passed away last week.(残念ですがお伝えしなければなりません。マークは先週亡くなりました)
○I wish you didn't have to hear about it this way, but I'm afraid Mark passed away last week.(こんなふうに聞かずにすめばよかったのでしょうけど、残念ながらマークは先週亡くなりました)

　これらの表現は日本語での場合と同様に、ほとんどが決まり文句だ。しかし、決まり文句とはいえ、あくまで

第10章 慰める

も機械的な話し方をせず、心を込めて、相手の気持ちになって表現しなければならないのは世界中のいずれの国でも同様である。

名前を呼びかけてあげること

細かなことだが、面と向かって個人的な不幸を伝えるときには、相手の名前を何度も呼んであげることも大切だ。そうすることで、相手への同情の気持ちがうまく伝わり、冷淡な感じになるのを避けることができる。

　△We've just heard that your daughter has died.（君の娘さんが亡くなったそうなんだ）

と言うよりも、

　○Nancy, we've just heard that your daughter has died.（ナンシー、君の娘さんがなくなったそうなんだ）

と、相手の名前を呼びながら表現したほうが、思いやりのこもった言い方になる。

また、話をするときには、相手を見つめてあげること、穏やかに静かに話すことなども心がけるべき重要な点だ。

特に日本人は、人の不幸に際して伏し目がちになる癖があるが、欧米の人たちとの間では、この違いを意識しておくと相手への誠意や同情の気持ちの伝わり方がだいぶ違ってくるだろう。

悲しみの淵にいる人にかけてあげる言葉

　もし、あなたが悲しみに打ちひしがれている相手を目の前にしている場合には、慰めの言葉、相手の助けとなるフレーズとして、次のようなものも覚えておくといいだろう。真摯に相手への思いやりを示し、慰めて助けになろうとする気持ちを伝える表現だ。相手の目をしっかりと見つめながら、以下のような表現で声をかけてあげるとよい。

〈慰めの言葉〉

　　○Go ahead and cry.（泣きなさい）
　　○It's all right to cry.（泣いてもいいんだよ）
　　○This is very sad.（とても悲しいことだ）
　　○I'm very sorry.（とても残念だ）
　　○It's such a tragedy.（なんという悲劇だろう）
　　○My heart goes out to you.（同情するよ）

〈相手の助けになる言葉〉

　　○Would you like me to do something for you?（何かしてほしいことはない？）
　　○I'd like to help.　Tell me what I can do.（力になりたいんだ。僕にできることを教えて）
　　○Can I call anyone for you?（だれかに電話する必要があるかい？）

第10章 慰める

葬式で使う英語表現

　訃報を伝える表現、その場での遺族への慰めの言葉についてはすで述べた。次に、葬儀の際に遺族にかける表現を少し紹介しておこう。

　遺族にかけてあげる言葉は、相手と自分との関係によってさまざまだ。しかし、言葉を選んだり、礼儀を気にしすぎたりすることよりもさらに大事なことは、いかに誠意のこもった言葉を悲しみの淵にいる相手にかけてあげられるかどうかだ。

　最初に葬儀に際して使う表現を少し挙げておいたが、それほど格式張らずとも、以下のような表現であれば、話し手の誠意を十分に伝えることが可能だ。

○He was a wonderful person.（彼は素晴らしい人物でした）
○We're going to miss him very much.（彼がいなくなるのはとてもつらいことです）
○I'm sure he's happy all his family and friends gathered.（家族と友人のみなが集まり、きっと彼も幸せでしょう）
○Our prayers are with you.（お祈り申し上げます）
○I don't know what to say, but we'll keep you in our prayers.（何と言ったらいいかわかりませんが、お祈りいたしております）

　最初の二つの表現などは、日常会話ができる人ならだ

れでも言えるほど簡単なものだが、このような単純な表現であっても心さえこもっていればいい。

　形式にばかりとらわれて難しい言葉を選ぶのではなく、心のこもった言葉をいかにかけてあげることができるかを誠実に考えながら話をすることこそが、相手への最高の思いやりとなるのである。

バラエティーに富むアメリカの葬儀

　最後に少し葬儀の折の服装について触れておこう。アメリカの葬式は非常にバラエティーに富んでいる。さまざまな人種が集まり、あらゆる宗教や宗派の人々が暮らしているのだから仕方がないが、アメリカ人でさえ、だれかの葬儀に際してどのような服装をしていくべきかは非常に困る問題なのだ。

　よく映画などで見かける黒い喪服をみなが着込んで厳(おごそ)かに執り行われる葬式は、主にカトリックでの葬儀だ。そのほかの場合には、どのような葬儀が行われるのかを周囲の人たちにたずねて式に出席するようにするといいだろう。実際、アメリカ人でもそのようにする以外に服装などを決める手だてはないのである。

第11章

関係の解消・別れ

恋人との別れひとつをとっても、日本式のあいまいな表現ではネイティブにはピンとこない。漠然とした言葉ではなく、明確な表現が必要なのだ。この章では、身近な人物との関係の解消から始めて、転職、引っ越しなどいくつかの具体的な例を取りあげながら、人間関係を上手に、できればお互いに気持ちよく解消するために必要な表現方法と、その態度とを紹介していく。

1 人間関係を解消する

親密な人との関係を断つ

　人間関係を断つときの難しさは、洋の東西を問わない。やはり、その中でももっとも困難なのは、かつて愛していた相手に別れを告げるとき、あるいはその逆に愛している相手から別れを打ち明けられたときだろう。

　人間同士のつながりにはさまざまなものがあるが、ここではまず、もっとも困難な状況のひとつと言ってもいい恋愛関係の断絶を例に取りながら話を進めていくことにしよう。ここで述べることは、恋愛関係に限らず、友人同士、あるいは仕事上の絆の断絶にも、基本的に当てはめることができる。

関係解消を告げる相手に心の準備をさせる

　相手に関係の解消を切り出すときにも、悪い知らせを伝えるときと同様に、まずは相手に心の準備を整える余裕を与える言い回しで話を始めるのがよい。

　すでに訃報のところでも紹介したが、やはりこの場合にも、以下のような切り出し方をするのが一般的だ。

○I have something important to say to you.（重要な話があるんだ）
○I think it's time we talk about our relationship.（僕らの関係について話し合う時期だと思うんだ）

○We need to talk about where this relationship is going.（私たちはこの関係がどんな方向に向かっているのかを話し合う必要があるわ）

といった切り出し方で、これから二人の関係についての重要な話をしたいのだということを正直に相手に伝えるのがいいだろう。

はっきりと面と向かって別れの意図を伝える

また、相手に別れを告げるときには、相手への敬意を示すために、直接面と向かって話をするのがよい。相手の暴力などが原因で別れを決意するような場合を除いては、手紙や電話で別れを告げるような卑怯な方法は採るべきではない。

人間関係の解消の場面といえども、正面から人と向き合い誠実に話し合う姿勢を保ち続けるのがネイティブ流なのだ。

もうひとつネイティブと日本人とが異なるのは、漠然とした表現で決別の意図を切り出さないことだ。日本人はすでに話し合いの余地が残っていないと感じているときでさえ、次のようなあいまいな表現を好みがちだ。

△I need some time by myself.（ひとりで少し考えたいんだ）
△I need to be alone for a while.（しばらくの間ひとりになりたい）

しかし、このような表現では、あまりにもあいまいで、あなたが本当に相手との関係を断ちたいと思っていることをはっきりと伝えることはできない。

このような言い回しで、再びよりを戻すかもしれないと相手に期待を抱かせるのではなく、後腐れのない別れ方をするのが結局は相手のためでもある。相手に期待を抱かせておきながら、相手の元へ戻らないのだとしたら、それこそ相手にとってとても残酷な仕打ちとなる。そうネイティブは考える傾向にある。

さらに、別れの言葉として日本人同士では十分だと思えるような次のような言い回しでも、英語ではやはり相手に希望や話し合いの余地を感じさせてしまう。

△I think our relationship is over.（僕らの関係はもう終わりだと思う）
△I don't think it's going to help to keep trying.（関係を続けても僕らのためにはならないと思う）
△It doesn't look like this relationship is working out.（この関係はもううまくいかないみたいだ）

think（〜と思う）やlook（〜のようだ）といった動詞を介在させてしまった結果、ネイティブにはあいまいな表現に響いてしまう。I think... あるいは I don't think... といった、誤解を与えがちな優柔不断な言い回しは避けるようにするのがいいだろう。

第11章 関係の解消・別れ

漠然とした表現でなく、明確な言葉で別れを告げる

　すでに紹介したような表現では、相手に少なからず希望を残してしまうことになる。はっきりと決別の意志が伝わる表現を少し挙げてみる。日本人同士の場合とは異なり、英語でネイティブに離別の意志を伝えるには、あいまいさを残さず以下のようなストレートな表現を用いるのがいいだろう。

　　○I've thought it over, and it's over for us.（よく考えたのだが、僕らは終わりだ）
　　○I'm afraid we don't have a future.（残念だけど、僕らに未来はないさ）
　　○I've decided to end this relationship.（この関係を終わりにすると決めたんだ）
　　○I no longer want to go out with you.（もう君とはつき合いたくないんだ）
　　○We both realize that this relationship isn't going to work out.（この関係がうまくいかないことは僕らのどちらも気づいているよね）
　　○I'm sorry, but I see no future for us. It's over.（悪いけど、僕らには将来がないと思う。もう終わりだね）

別れのダメ押しフレーズ

　しかしながら、きっぱりとした表現を用いた場合にも、

関係の継続を心から望んでいる相手は、さまざまな表現で別れないでほしいという意思表示を繰り返すかもしれない。

I really need you in my life.（僕の人生には本当に君が必要なんだ）
You mean everything to me.（あなたが私のすべてなのよ）
Give me one more chance.（私にもう一度チャンスをちょうだい）
I'll change, you'll see.（見ていてくれよ、僕は変わるから）

このような表現がその代表格だ。相手が聞き分けてくれないときには、ダメ押しのフレーズで自分の決意が固いことを再度伝えるようにするしかないだろう。別れたくないと考えている相手にはやはり冷たく響いてしまうだろうが、最終的には次のようなフレーズを用いるしかないだろう。

○I've made up my mind.（私は心を決めたのよ）
○I'm not going to change my mind.（気持ちを変えるつもりはないよ）
○I've already decided not to go on.（僕はもう別れることを決心したんだ）

責任は相手にかぶせない

また、相手にとってつらい別れ話を打ち明けるとき、自分も同様に苦悩していることを伝え、さらに相手ではなく自分を責める言葉を添えるようにする。

ネイティブ同士では、以下のような表現を使えば、多少なりとも別れを切り出された相手の苦痛をやわらげてやることができると考えられている。

○I'm also sad, but it's for the best.（僕も悲しいんだ。でも、これが最良の選択なんだ）
○I might regret it later, but I know it's the right decision now.（後で後悔するかもしれない、でも今はこの選択が正しいと思うんだ）
○It's not you, it's me.（君のせいじゃない。僕が悪いんだ）

このような表現は恋愛映画にもひんぱんに登場する常套句だ。一度じっくりと映画の中の別れの表現を観察してみるのもいいだろう。

このように、あくまでも相手ではなく自分の考えで別れを切り出しているのだと訴えかけるのがネイティブ流だ。日本人には馴染みのない方法だが、このような表現で相手の心にそれ以上負担をかけない心遣いをするのがネイティブの別れの流儀なのだ。

別れ際のひとこと

　ひとしきり別れ話がすんで、最後に二人が別れる場面ではどんな言葉をかけるのかも、ついでに紹介しておこう。ここでもやはり相手に希望や関係継続の余地を残すようなフレーズを投げかけるのは避けるようにしたい。×のような表現は避け、○のような表現で別れを締めくくるのがいいだろう。

×I'll call you.（電話するよ）
×I'd like for us to still be friends.（まだ友達でいたいな）
×We can keep seeing each other.（これからも会おうよ）

○Thank you for all the good times we've had together.（一緒に過ごした楽しい日々をありがとう）
○I'll always have fond memories of you.（いつまでも君との楽しかった想い出を忘れないよ）
○I'll never forget you.（君のことは忘れないよ）
○You've been a special friend.（君はずっと特別な友人だった）
○I'll always have a special place in my heart for you.（いつも君のことは心の中に大事にしまっておくよ）

ちなみに、ネイティブは別れた後には高価な贈り物や

相手の所有物は返却するのがふつうだ。ただし、私的なプレゼントまで返却してしまうのは礼儀に反することと考えられているため、相手がくれた心のこもった贈り物などは自分の元に留めておくようにするのがいいだろう。

2 職を辞する場合

前節ではプライベートな恋愛関係の断絶についてみてきたが、以下は社会的な関係の解消の話をしよう。まずは、会社を辞職する場合を中心に考えていく。

辞職申し出のタイミング

欧米の大企業にも日本と同様に会社の規定があり、会社を辞職するのには、基本的には規定どおりの手順で申し出をすればよい。

アメリカの企業では、ふつう退職の2週間前までに辞職の申し出をする。何の通告もなしにいきなり会社に出社しなくなり、突然退社してしまうのでは礼儀に反するのは日本と同じだろう。ちなみにアメリカ人が辞職を申し出るときには、ほとんどの場合、次の仕事を決定している。

小さな会社や新しい会社では、就業規定がきちんと定まっていないケースもある。また、小さな企業でだれかしらが辞職するとなると、会社は少なからぬショックを受ける。これも日本の中小企業の場合と変わらない。

はっきりと辞職の意図を伝える

　会社を辞めるときにも、最初に述べた親密な者同士の別れの場面での表現や方法がほぼ当てはまる。会社を辞職する意志を申し出るときにも、やはり、ぼんやりとではなくきっぱりと表現するのがもっともよい。

　△I think I'm going to quit my job.（会社を辞めようと思っているのですが）
　△I've been thinking about looking for another job.（他の仕事を探すことを考えているところです）
　△I don't think I have much of a future here.（ここにはあまりいい将来があるとは思えないのです）

　このような表現では、たんになんとなく転職を考えているような響きになり、相手にはっきりと辞職の意思表示をしているのだとは受け取られない可能性がある。
　もし、企業サイドがその人物の退職を望んでいるのだとしたら、このような表現も会社を辞職することに結びつくかもしれないが、ふつうはこれではあいまいすぎて周囲の人間を混乱させるだけだろう。

辞職の申し出もストレートな表現で

　本当に辞職の希望を伝えようとするのならば、やはり個人同士の関係を解消するときと同様に、相手に心の準備をさせる表現とストレートに辞職を申し出る表現の組み合わせが必要だ。相手に心の準備をさせる表現のほう

はプライベートな関係の断絶のときとあまり変わりはない。やはり、

○I have to tell you something.（お話があるのですが）
○I want to talk to you about something.（同上）
○There's something urgent I need to talk to you about.（急いでお話ししておきたいことがあるのですが）

といった表現で話を切り出し、それに続けて以下のようなあいまいでない言い方で辞職の意思を相手に伝えるのがよい。

○I've thought it over, and I've decided to quit.（じっくり考えたのですが、辞職することにしました）
○I'm afraid I've decided to leave ABC Company.（残念ですが、ABC社を退社することに決めました）
○I've decided to change careers.（職を変えることを決断しました）
○I'm sorry, but I've made a decision to quit.（すみません、辞職する決意をしました）

すでに述べたような表現で辞職の意志を切り出された場合でも、あなたが優秀な社員であれば、上司の側はいろいろな条件を提示しながらあなたを引き留めようとするかもしれない。

もし、その条件をのむのならそれはそれでかまわないが、それでも決意が変わらないのであれば、断固として自分の意志の堅さを相手にはっきりと伝えるようにしたい。このときにも、あいまいな言い方ではなく、以下のようにきっぱりと返事をするのがよい。

　○I'm sorry, I've made up my mind.（残念ですがもう決心していますので）
　○I'm sorry, I'm not going to change my mind.（残念ですが決意を変えるつもりはありません）

退職をケンカ別れにしないためのフレーズ

　職場を離れて新しい仕事に就くときには、もちろん個人個人いろいろな事情があるだろう。しかし、その事情はさておき、これまで勤務していた会社での人間関係を将来に生かすことができるかどうかには、その辞め方もかかわってくるだろう。

　それまでの経緯はどうであれ、会社とケンカ別れしてしまうのは実にもったいないことだ。将来にわたり今までの上司や同僚、あるいは部下とのコンタクトをとり続けることができるような辞め方をするのが得策なのは、日本も英語圏の国々も同様である。

　○I really learned a lot here.（ここでは多くのことを学びました）
　○This has been a good experience for me.（私にと

ってよい経験になりました)
- You have taught me a lot. (あなたにはいろいろと教えていただきました)
- I'll always have good memories of this company. (この会社でのいい想い出はいつまでも忘れません)
- You've been a big help to me. (あなたはいつも僕を助けてくれました)

　もしあなたが良好な関係を保ちながら会社を辞職しようと考えているのなら、上司や同僚にはこのような表現とともに、感謝の言葉もきちんと添えて別れを告げるのが大切だ。あくまでも将来の自分のキャリアを見通した上で、自分にとってマイナスではなくプラスとなる別れ方をしたいものだ。
　また、実際に会社に出社する最終日には、以下のような表現で関係の継続を希望する相手の連絡先をたずねたり、そのうち連絡させてもらう旨を伝えておきたい。

- Let's keep in touch. (連絡を取り合いましょう)
- Let's get together once in a while. (たまには会うようにしましょう)
- Maybe we'll have an opportunity to work together again. (たぶんまた一緒にお仕事する機会もあるでしょう)
- Do you have my (e-mail) address? (僕の住所[Eメールアドレス] わかりますか?)

辞職を申し出るときは届け書も持参する

辞職について上司に説明するときには、併せて辞職の届けも持参するようにするとよい。代表的な辞職届の文面を載せておくので、参考にしてほしい。

> It is with great sorrow that I am hereby tendering my resignation to you. The last day that I will be able to come to the office is August 18.
>
> The reasons for this decision are well known, and so I will leave them unsaid.
>
> I shall deliver all property of the firm in my possession.
>
> I appreciate having had the opportunity of working here for so many years and offer my best wishes for your continued success.

ここに辞意を表明することは大きな悲しみです。オフィスに出社できる最終日は8月18日となります。

決断の理由はおわかりでしょうから、理由には言及いたしません。

私の保持している会社の備品はすべてご返却いたします。

長年こちらで働く機会をいただき感謝いたします。また、みなさまの引き続きのご繁栄をお祈りいたします。

借家から引っ越す場合

少し話は変わるが、借家から引っ越す場合の常識についても少し触れておこう。日本ではちょっと壁を汚した場合にもきれいに補修して出ていってくれという大家もいるが、欧米での引っ越しでは、日本ほどうるさいことを言う大家はあまりいない。

しかし、手続きを契約書にきちんと則って行わなければならないのは言うまでもない。その場合にも、会社を辞職するときと同様、きちんと文面で申し入れをするように心がけるのがよい。以下に代表的な文面を紹介しておく。

To whom it may concern:

This is to inform you that I have decided to move from Apartment 344 by the end of September. I will make sure that the apartment is clean and in the same condition it was when I moved in, and so I expect that my deposit will be returned in full.

Thank you for your cooperation during the time I

> have lived here.
>
> (Signature)
> (Date)

関係各位：

　344号室から9月末に引っ越すことにいたしましたのでお知らせいたします。部屋は引っ越してきたときと同じように清潔にいたしますので、敷金は全額ご返却ください。

　居住していた間のご厚情に感謝いたします。

(署名)
(日付)

　このような文面を大家に送った後は、直接挨拶に行き、文書を受け取ったかどうか次のような表現で確認するのがいいだろう。

○Did you receive the notice I sent?（お送りした通知をお受け取りになりましたか？）
○I sent my moving notice. Did you receive it?（引っ越しのお知らせを送りましたが、受け取りましたか？）

近所の人への挨拶表現
　引っ越しには近所の人たちへの挨拶もつきものだ。以

第11章 関係の解消・別れ

下に少し引っ越しの際に使える表現を紹介しておく。

○I have some sad news. We're going to be moving.（悲しいお知らせがあります。私たち引っ越しすることになったんです）
○I have to tell you, we'll be moving soon.（引っ越しすることにしたのをお伝えしなければならないの）
○This is difficult to say, but we're going to have to move.（言いにくいことなんだけど、引っ越しすることになったんです）

日本では引っ越しの際に近所にお礼の品を配ることがあるが、アメリカではその代わりに moving sale（引っ越しセール）をしたり、自分がいらなくなったものを近所の人に分けたりする習慣がある。次のようなフレーズがよく用いられるものだ。

○We're going to have moving sale. Please come by and see if there's anything you would like.（引っ越しセールをするので、何かほしいものがあるか見に寄ってくださいね）
○Would you have any need for a couch?（ソファーは必要ない？）
○You wouldn't have any interest in a bed, would you?（あなたベッドには興味ないわよね）
○Please take anything you'd like.（何でもほしいもの

を持っていってね)

　最後に、引っ越しのときによく使う別れの挨拶表現も少しだけ紹介しておくので参考にしてほしい。

- ○We've really enjoyed being your neighbor.（お宅のお隣で本当に楽しかったわ）
- ○We're going to miss you.（あなたがいなくなると寂しくなります）
- ○We'll never forget you.（あなたのことは忘れません）
- ○Let's keep in touch.（連絡を取り合いましょう）
- ○Please come visit us sometime.（いつかたずねてきてね）
- ○We'll come back for a visit sometime.（そのうちたずねてくるから）
- ○We've really loved living here.（本当にここに住むのが大好きだったわ）
- ○You've always been wonderful neighbors.（あなたはいつも素晴らしい隣人だったわ）

第 **12** 章

訪問・電話の接客表現

電話や訪問への対応は、ビジネスでもっとも多く遭遇し、細心な注意を求められる場面だ。最終章となる本章では、訪問客に少し待ってもらう場合の表現から、会議中ちょっと席を外すときのひとこと、上手な訪問の切り上げ方、電話での受け応えのノウハウなど、11章までに紹介できなかった、細かな接客・応対のノウハウを、具体的な場面を通して紹介してみよう。

1 なかなかできない接客表現

訪問客を待たせる

　社内のだれかを訪ねてきた客に待ってもらわなければならないことがある。そのような場合には、まずは相手に席を勧め、その上でどのくらい待ってもらわねばならないのかを説明するようにする。やることは日本の企業と同じだが、英語表現としては次のようなものを覚えておくといいだろう。

○Please have a seat. Henry Sato will be here in a few minutes. (どうぞおかけください。佐藤はすぐに参ります)
○Please make yourself comfortable. Henry Sato is on his way now. (どうぞおくつろぎください。佐藤はいまこちらへ向かっておりますので)
○Please have a seat. I'm afraid Henry Sato is in a meeting. He'll be here in about five minutes. (どうぞおかけください。申し訳ありませんが佐藤はミーティングに入っておりまして、だいたい5分くらいでこちらに参りますので)

　このように、相手に席を勧め待ち時間を告げておけばひとまず問題はないだろう。ただ、ここでひとつだけ特に注意しておきたいのは、日本企業の社員の多くが席を

勧めるとき、

　×Please sit down.

という表現を使いたがることだ。これは実際にはていねいに席を勧める言い回しではなく、「席に着きなさい」といったニュアンスになるので注意したほうがいい。

　ていねいに相手に席を勧めるのなら、前頁で紹介したように Please have a seat. というフレーズを覚えておくのがよい。

外出先から担当者が戻らないとき
　待たせている顧客の担当者がすぐに戻る場合についてはすでに述べたが、何かの間違いで担当者が外出先から戻ってきていなかったり、その人物との連絡さえも取れないような場合もある。そんなときのためには、以下のような謝罪表現を覚えておくと便利だろう。

〈担当が戻っていないとき〉
　○I'm sorry to tell you this, but Joe Takahashi is not here. I'll try to call him and find out where he is. (申し上げにくいことなのですが、高橋は外出しております。電話を入れて所在を確認いたしますので)
　○It seems that Joe Takahashi has forgotten his appointment. I'm very sorry about this. (高橋はお約束を失念してしまったようです。本当に申し訳あ

りません)
○Joe Takahashi hasn't came back yet. Would you mind waiting?(高橋はまだ戻っておりません。お待ちいただけるでしょうか?)

〈担当に連絡がつかないとき〉
○I'm afraid I haven't been able to reach Joe Takahashi.(申し訳ありませんが、高橋に連絡がつきません)
○I'm sorry, but I couldn't contact Joe Takahashi.(残念ながら、高橋に連絡が取れませんでした)
　＊contactの代わりにreachを使ってもよい。

このような表現で詫びを入れた上で、どのように対処すればいいかを親身になって相手と相談することも忘れないようにしたい。

接客中に席を外す
接客中にどうしても外せない用件で、一時的に席を立たなくてはいけない場面もよくある。そのような場合には、すぐに戻ることを告げて席を立てばいいが、少し長くなる場合には、相手に待ってもらってもかまわないかどうかたずねておくようにするのがいい。

まず、わずかな時間席を外すときには、

○Could you wait here for just one minute?(ちょっ

とお待ちいただけますか？）
○Could you excuse me just for a second?（ちょっと失礼してよろしいでしょうか？）
○Could you wait right here? I'll be back in just a moment.（このままお待ちいただけますか？ すぐに戻りますので）

といった表現で十分だ。ただし、上記の表現は席を外す許可を取るというよりも、席を外す旨を相手に伝える表現でしかないため、わずかな時間席を外すときにはいいが、長めに中座するときには説明不足となる。

少し長めに席を外すときには、以下のような表現を用いて簡単に理由を説明しながら相手の許しを得るようにするのが礼儀にかなったやり方だ。

○I'm afraid I have an emergency. Could you wait here for about ten minutes?（すみませんが緊急の用件がございまして。10分ほどここでお待ちいただいてもかまわないでしょうか？）
○I'm terribly sorry, but I have to do something quickly. Would you mind waiting a few minutes?（本当に申し訳ないのですが、急いでやらねばならないことがありまして。少々お待ちいただいてもかまわないでしょうか？）

訪問を切り上げる

　訪問先を失礼して退席するタイミングというものは、日本同様なかなか難しいものだ。

　話に退屈したから、あるいは話が楽しくないから訪問を切り上げたいのだといった印象を相手に残さず、自然に失礼する旨を相手に伝えなければならない。

　このような場面でネイティブがよく用いるのは、

○Well...

という表現だ。

　これは日本語の「では（そろそろ）」とか「じゃあ（そろそろ）」にあたる言葉だと考えるとわかりやすい。このWell...の後に短めのポーズ（間）を置いてから、次の例のように続ければ、「ではそろそろ失礼します」といったニュアンスが自然に伝わる言い回しになる。とても使い勝手のいい表現なので、ぜひ身につけてもらいたい。

○Well...I'd better be going.（じゃ、そろそろ失礼したほうがよさそうなので）
○Well...thank you for your time today.（では、今日はお時間をお取りいただき感謝いたします）
○Well...I'm afraid I have another appointment.（では、残念ながら次の打ち合わせがあるものですから）

なかなか訪問を切り上げられないときには？

　話の途中で帰らなくてはならない時間になってしまっているのに、話好きな相手がビジネスとはあまり関係のない世間話などをだらだらと続けることもあるだろう。

　そのようなときには、上述の表現を用いながら少し立ち上がりかける動作をしたり、カバンに自分の荷物を詰め始めたりするのもいい方法だろう。

　しかし、それでも相手が会話から自分を解放してくれない場合には、次のような表現を使ってみるのがいいだろう。最初の三つは相手に気を遣う姿勢を見せながら退席をほのめかす表現。四つ目からは、具体的に自分の予定を告げながら訪問を切り上げたい旨を申し出る表現だ。

〈相手を気遣い退席をほのめかす〉
　〇I'm afraid I've taken up too much of your time.（申し訳ありません、たくさんお時間を取らせてしまって）
　〇I know you're busy, so I'd better let you go.（お忙しいでしょうから、そろそろあなたを解放しなければ）
　〇It's been fun talking to you.（あなたとお話しできてとても楽しかったです）

〈予定を告げて退席を申し出る〉
　〇I'd love to talk, but I have to get to a 3:00 appointment.（お話ししたいのですが、3時の約束がありまして）

○Maybe we can continue this conversation later. I have another appointment.（この話はまた後ほど続けさせてください。別の約束があるもので）

○I hate to interrupt you, but I need to be going.（お話しの途中で恐縮ですが、行かなければなりません）

○Oh, no! I just realized I'm late for an appointment.（しまった！　約束に遅れてしまっているのに気づきました）

2　電話でのやりとり

電話で相手を待たせる表現

　電話で上手に接客を行うのはいつまでたってもなかなか難しいもの。決まり文句のひとつくらいは知っていても、それ以外の表現はなかなか口から出てこないし、果たしてどんなタイミングで覚えた表現を使っていいのかも、英語での電話に慣れていない日本人にはなかなかわかりづらいところだ。

　先方の指名に従って、電話を転送したり、指名された人物を呼び出すためにちょっとだけ電話を保留するときには、以下のような一般的な言い方で十分だ。

○Could you hold for just a moment?（少々お待ちください）

○I'm sorry, I need to ask you to hold for a moment.（申し訳ございませんが、少々お待ちいただけます

か？)
○If you could hold for just a second, I'll transfer you to Ken Hamada. (少々お待ちください。浜田におつなぎいたします)

少し長く待ってもらわなければならないときは

指名された人物になかなか電話をつなぐことができない場合には、もう一度電話をもらっている相手のところに戻り、もう少し待ってもらえるよう申し出なければならない。その場合には、相手にもう一度かけ直してもらうように頼む、自分がメッセージをあずかる、あるいは呼び出されている人物に電話をかけさせるといったオプションを同時に示すのがいい。次のような表現が役に立つ。

○I'm sorry, but could you hold for just a minute more? (申し訳ありませんが、もう少々お待ちいただけますか？)
○I'm sorry to keep you on hold. Would you like to try calling back later? (お待たせして申し訳ありません。後でおかけ直しになりますか？)
○I'm afraid Thomas Mori is still on another line. Would you like to continue to hold or can I have him call you back? (申し訳ありませんが、森はまだ他の電話に出ております。このままお待ちいただけますか、それとも彼に電話させるようにいたしましょう

か?)

不在の場合

電話で呼び出された人物が不在の場合もある。この場合にも、すでに述べたように、かけ直してもらうか、こちらからかけ直す、あるいはメッセージをあずかるかのいずれかのオプションを選択してもらうことになる。

もう少し表現を紹介しておくので、参考にしてほしい。

- I'm afraid Mike Saito isn't here right now. Would you like to leave a message?(申し訳ありませんが斎藤は外しております。メッセージを残されますか?)
- Mike Saito is out of the office. Would you like to call back later or can I take a message?(斎藤は外出しております。後でおかけ直しになられますか、それともメッセージをおあずかりいたしましょうか?)
- I'm sorry, but Mike Saito is in a meeting. Would you like me to have him call you back?(すみませんが斎藤はミーティング中でございます。彼に電話させましょうか?)
- Mike Saito just stepped out. He'll be back in just a minute. Would you like me to have him call you back later?(斎藤はちょっと外出しておりますがすぐに戻ります。あとで彼に電話させましょうか?)

○Mike Saito seems to be out of the office right now. Would you like to leave a message?（斎藤はオフィスにはいないようです。メッセージをおあずかりいたしましょうか？）

　この章では簡単に接客や電話対応の基本表現を眺めてきた。本書で扱えるのは残念ながらここまでだが、基本的に接客に必要なものが誠意であることは洋の東西を問わない。
　英語ができる、できないにかかわらず、誠心誠意相手の話を聞き、懸命に対処しようという気持ちさえ伝えられれば、接客の基本はできあがっている。あとはおちついて話を聞き、わからないことは確認を取る。その上でゆっくりでもいいから相手の要求に応えようとする意志を見せてあげさえすれば、英語の上手下手にかかわらず、相手もきちんとした対応をしてくれるはずだ。

【著者】

デイヴィッド・セイン (David A. Thayne)

1959年米国ユタ州生まれ。ユタ州立大学卒業後、カリフォルニア州アズサパシフィック大学で社会学修士号取得。日米会話学院、バベル翻訳外語学院などを経て、現在英語をテーマとするクリエイターグループ、エートゥーゼット代表。単書に『朝日英語スタイルブック』(朝日出版社)、『声に出して覚えたい英語』(集英社)、『癒される英語、癒す英語。』(三修社)などがあるほか、『これを英語で言えますか?』(講談社インターナショナル)など共著も多数。

長尾和夫 (ながお かずお)

1963年福岡県生まれ。明治大学文学部卒業後、語学系出版社数社を経て、現在エートゥーゼット副代表。著作物の制作統括・編集・執筆・翻訳を多数手掛ける。セイン氏との共著に『使ってはいけない英語』(河出書房新社)、『トップドッグが教える仕事ができる人、できない人の英語術』(PHP研究所)などがあるほか、共同執筆でメールマガジンも配信中。

平凡社新書175

使ってトクする英語 損する英語
〈交渉力〉アップのための英会話術

発行日──2003年3月20日　初版第1刷

著者─────デイヴィッド・セイン、長尾和夫
発行者────下中直人
発行所────株式会社平凡社
　　　　　　東京都文京区白山2-29-4　〒112-0001
　　　　　　電話　東京(03)3818-0743［編集］
　　　　　　　　　東京(03)3818-0874［営業］
　　　　　　振替　00180-0-29639

印刷・製本─図書印刷株式会社

装幀─────菊地信義

©David A. THAYNE, NAGAO Kazuo 2003 Printed in Japan
ISBN4-582-85175-4
NDC分類番号837.8　新書判(17.2㎝)　総ページ200
平凡社ホームページ http://www.heibonsha.co.jp/

落丁・乱丁本のお取り替えは小社読者サービス係まで
直接お送りください（送料は小社で負担します）。

平凡社新書好評既刊！

020 イギリスの大貴族

海保眞夫

シェイクスピア劇にも登場する三大名門の、盛衰の数百年を描ききった歴史物語。

050 オーストラリア物語
歴史と日豪交流10話

遠藤雅子

滞豪生活十数年の作家が案内する、意外に知られていない歴史と日豪交流秘話。

055 英国王室と英国人

荒井利明

英国人気質と「新しい英国」の激動のなかで変容を続ける王室の姿を描く。

063 こんな英語ありですか？
謎解き・英語の法則

鈴木寛次

破格の英語にもワケがある。掟破りの謎解きから、英語の法則に迫る！

093 猫舌流 英語練習帖

柳瀬尚紀

猫が掻いた画期的英語入門書。I am a cat. を理解できれば、もう英語の達人！

166 世界財閥マップ
グローバル経済を動かすパワー総覧

久保巖

伝統ある企業集団からニューエイジのIT企業、第三世界の財閥までを見渡す。

170 知っておきたいイギリス英語
現代話し言葉集

大石五雄

俗語から日常表現、恋愛、社交、商業、交通、警察用語まで、生きた言葉を知る。

172 これでもイギリスが好きですか？

林信吾

「ゆとり」の正体は、歴史の罪は……？ "礼賛"気分を超え、本当の姿を知る。

新刊、書評等のニュース、全点の目次まで入った詳細目録、オンラインショップなど充実の平凡社新書ホームページを開設しています。平凡社ホームページ http://www.heibonsha.co.jp/ からお入りください。